MEDIKAMENTEN
MONOPOLY

FRANZ STADLER

MEDIKAMENTEN MONOPOLY

Die unheilvolle Welt der Arzneimittelgeschäfte

MURMANN

Klimaneutral
Druckprodukt
ClimatePartner.com/12752-1803-1001

Zum Ausgleich für die entstandene CO2-Emission bei der Produktion dieses Buches unterstützen wir die Erhaltung und Wiederaufforstung des Kibale-Nationalparks in Uganda. Das Projekt trägt zum Klimaschutz bei, indem die Bäume bei der Fotosynthese Kohlenstoff aus der Luft binden, es schützt die Biodiversität des tropischen Waldes und sichert 260 Arbeitsplätze.

Bibliografische Information der Deutschen Nationalbibliothek
Die Deutsche Nationalbibliothek verzeichnet diese Publikation in der Deutschen Nationalbibliografie; detaillierte bibliografische Daten sind im Internet über http://dnb.d-nb.de abrufbar.

Lektorat: Evelin Schultheiß, Kirchwalsede
Druck und Bindung: Steinmeier GmbH & Co. KG, Deiningen
Printed in Germany

ISBN 978-3-86774-659-5

Besuchen Sie unseren Webshop: www.murmann-verlag.de
Ihre Meinung zu diesem Buch interessiert uns!
Zuschriften bitte an info@murmann-publishers.de
Den Newsletter des Murmann Verlages können Sie anfordern unter
newsletter@murmann-publishers.de

INHALTSVERZEICHNIS:

Für Bea

Die heilige Corona – ein System vor dem Kollaps

ES FEHLEN ARZNEIMITTEL. Es fehlen Schutzmasken. Es fehlen Transparenz und Information. Lange vor der Coronakrise schon kam es im reichen Deutschland wiederholt zu Lieferengpässen bei Arzneimitteln. Durch die Krise wurden längst bestehende und grundlegende Probleme in unserer Arzneimittelversorgung lediglich sichtbar gemacht. Es zeigte sich, dass wir organisatorisch und medizinisch zwar besser aufgestellt sind als andere Länder, unser Gesundheitssystem aber dennoch empfindlich gestört ist, instabil aufgrund von Mangelwirtschaft, Profitgier und Lobbyismus. Was seit Langem rumort, war mit Ausbruch des pandemischen Virus plötzlich nicht mehr zu kaschieren: Profit geht inzwischen vor Gesundheit.

Pharmaunternehmen zielen vor allem auf Rendite, ob mit Packungsgröße, Haltbarkeit oder Standortwahl. Die Politik scheint im Lobbyistensumpf zu versinken, Kontrollen versagen und angepriesene Digitalisierungsprojekte erweisen sich als Flop. Kunden und Patienten sind verunsichert, vor allem jene, die auf lebensnotwendige Medikamente angewiesen sind. Zwar steigen die Ausgaben für die Gesundheitsversorgung und damit die Beiträge für die Krankenkassen kontinuierlich an, das heißt aber keineswegs, dass damit auch die Sicherung der Versorgung mit Medikamenten garantiert ist. Und der Ort, an dem die Versorgungsmängel und viele weitere Konflikte in der täglichen Arbeit konkret werden, ist – die Apotheke.

In meinen mittlerweile 30 Berufsjahren als Apotheker musste ich erleben, wie sich die Arzneimittelversorgung systematisch zu einem unheilvollen, von der Politik gestützten und von den Herstellern gewollten Geschäft entwickelt hat. Und zwar zu einem Geschäft, das sich für Patienten oft genug als bedrohlich erweist. Es sind nicht nur die Lieferengpässe bei Medikamenten, die uns warnen und klar machen müssen, dass wir diesen Weg nicht weitergehen können. Zumindest nicht, ohne das noch bestehende System der Arzneimittelversorgung ernsthaft und nachhaltig zu gefährden.

Wir gefährden das System der Arzneimittelversorgung. Wir gefährden Patienten. Wir gefährden das Leben von Menschen. Und das nur aus einem Grund: Geld.

Die Stunde der Geschäftemacher

Die Arzneimittelversorgung war schon immer ein dubioser und entsprechend intransparenter Markt. Ein Markt, der seinen Absatz durch Zuzahlungen, Incentives oder Druck ankurbelte. Doch im Verlauf der Coronakrise hat sich gezeigt, wie lebensgefährlich dieses System sein kann. Als Apotheker steht man, sozusagen als Repräsentant dieses System, an vorderster Front – bekommt alles mit und alles ab. Sind Medikamente eingeschränkt oder gar nicht lieferbar, reagieren Patienten und Kunden skeptisch – als Erstes gegenüber »ihrer« Apotheke, die sie verdächtigen, die Ursache dieser Probleme liege bei ihr. Dann beginnen sie sich auf die Situation einzustellen, indem sie im Rahmen ihrer Möglichkeiten horten oder nach möglichen Ersatzpräraten suchen. Auch in der Lieferkette – von Herstellern, Groß- und sonstigen Zwischenhändlern bis hin zu Apotheken – wird nach Auswegen gesucht. Auf diese Weise aber tragen alle Seiten zur weiteren Verschärfung der Situation bei.

Doch was die Coronakrise ebenfalls gelehrt hat: Es kann auch anders gehen. Aufgeschreckt durch eine Pandemie ruderten der Gesetzgeber, die Aufsichtsbehörden und die Krankenkassen plötzlich zurück, setzten Auflagen und Verordnungen außer Kraft, erlaubten Dinge, die vor der Krise undenkbar gewesen wären. Bis zu diesem Zeitpunkt wurden die vorhandenen Kompetenzen der Apotheken vor Ort unter dem Spardiktat der Krankenkassen laufend beschnitten. In dem Moment aber, in dem der Zusammenbruch der Versorgung und – mit einem gewissen Recht – eine massive Schuldzuweisung an alle verantwortlichen Stellen zu befürchten standen, wurden Kursänderungen möglich. Wohlgemerkt: Erst eine drohende Unter- beziehungsweise Nichtversorgung von Menschen mit zum Teil lebensnotwendigen Medikamenten machte sie möglich.

Krisen sind bekanntermaßen immer auch die Stunde von skrupellosen Händlern, Gewinnmaximierern und Wucherern. Wann immer es möglich ist, werden Arzneimittel ungeachtet des vorhandenen Bedarfs von einem Land ins nächste verschoben, exportiert oder importiert, ganz wie die jeweiligen Gewinnaussichten es verlangen. Sowohl bei Medizinprodukten als auch bei frei kalkulierbaren Mitteln werden überhöhte Verbraucherpreise berechnet oder auch – die Panik der Menschen zynisch ausnutzend – bestenfalls wirkungslose »Arzneimittel« verkauft.

Ein marodes, instabiles System

Die Summe dessen, was seit Jahren schiefläuft, ist inzwischen beachtlich: als Erstes zu nennen die Wirkstoffproduktion, die größtenteils ins meist außereuropäische Ausland, beispielsweise nach Indien oder China, abwanderte. Die Folge war, dass patentgeschützte Neueinführungen immer teurer wurden und die Fälle von Fälschungen und Verunreinigungen bei Arzneimitteln anstiegen. Dazu kamen zunehmender Kostendruck und der Rabattvertragsmarkt, die immer mehr Lieferengpässe bewirkten. Und nicht zu vergessen der bürokratische Aufwand bei der Abgabe von Arzneimitteln, der ohne großen Nutzen zu erzeugen stetig größer wurde. Zentralisierung und Digitalisierung wurden vorangetrieben – auch wenn sie in vielen Fällen zu einer Destabilisierung der Arzneimittelversorgung führten. Kurz: Das gesamte System begann, aus den Fugen zu geraten und instabil zu werden.

Dies alles geschah weitgehend unbemerkt von der breiten Öffentlichkeit, ereignete sich schleichend und praktisch im Verborgenen. Die Zahl der direkt Betroffenen war lange (noch) zu gering, auftretende Skandale fanden nur höchst selten den Weg aus den Fachgruppen hinaus in die mediale Öffentlichkeit. Nur Insider wussten Bescheid, wenn sie es denn wissen wollten. Die meisten von ihnen hatten sich mehr oder weniger bequem eingerichtet, sich mit der Situation arrangiert oder auch Kritik und Widerstand gegen die Missstände desillusioniert aufgegeben. Blieben vereinzelte Mahner, die leicht ignoriert werden konnten.

Ohne Reservekapazität

Von seriösen Wissenschaftlern schon lange befürchtet, war mit dem Aufkommen einer – wodurch auch immer ausgelösten – Pandemie zu rechnen. Dass sie letztlich immer überraschend kommen, also außerhalb einer engeren Planbarkeit liegen, gehört zum Wesensmerkmal von Katastrophen. Die von Covid-19, einem Virus aus der Gruppe der Coronaviren, verursachte Pandemie hat zu Einschnitten und Eingriffen in unser aller Leben geführt, deren Tiefe man noch wenige Wochen zuvor für unmöglich gehalten hätte. Ein großer Teil der von der Regierung veranlassten Maßnahmen war nur deshalb notwendig, weil unser aktuelles Gesundheitssystem aus sich heraus keine Lösungen mehr anbieten konnte. Weil komplett durchökonomisiert, hatte es so gut wie keine freien Reserven mehr, war so »auf Kante genäht«, dass die für den Krisenfall erforderliche Flexibilität und Ressourcenkraft fehlten.

Die Pandemie brachte also nur die auf Fehlentwicklungen der vergangenen Jahre und Jahrzehnte zurückzuführenden Schattenseiten ans Licht. In der Arzneimittelversorgung ächzte und rumpelte es bereits vor Ausbruch der Seuche, was unter Belastung schnell schlimmer wurde. Dass außerdem unnötige Mehrfachkontakte zwischen Apothekenmitarbeitern und Kunden zu vermeiden waren, wie sie zuvor bürokratiebedingt völlig üblich waren, sei als zusätzlicher Grund nur am Rande erwähnt.

Was in der Krise alles möglich war

Das perfekte Symbol zur Darstellung der Situation ist die heilige Corona, die im katholischen Glauben Schutzpatronin des Geldes und der Schatzsucher ist, in manchen Regionen aber auch bei Seuchenausbruch um Beistand angerufen wird. Ihre Patronate decken also das Ökonomische, aber auch das Krisenhafte unserer Zeit ab. Das Coronavirus wirkte wie ein Katalysator in der schonungslosen Offenlegung aller bestehenden Defizite – entstanden in Zeiten des Geldes, des ungezügelten Gewinnstrebens und der übermächtigen Bürokratie. Die jahrelang so konsequent wie ignorant übergangenen Konzepte einiger Kritiker wurden schlagartig zu Notwendigkeiten, die nun auch von der Politik nicht mehr gänzlich übergangen werden konnten. Die Krisenbewältigung verlangte konkretes Handeln, Notverordnungen wurden erlassen, Bürokratie abgebaut, um marktwirtschaftliche Auswüchse im Gesundheitswesen möglichst rasch zu korrigieren.

So war es beispielsweise ab Mitte März 2020 für Apotheken möglich, von der sonst strikt einzuhaltenden Reihenfolge bei Ausgabe von Arzneimitteln abzuweichen, die Orientierung an Rabattverträgen oder vorrangig abzugebenden Importen war nicht mehr so wichtig. Allerdings nur, wenn ein dringender Fall (Akutversorgung) vorlag, ein Sonderkennzeichen und der Vermerk »Covid-19« oder »Corona« mit Datum und Unterschrift von der Apotheke auf dem Rezept angebracht wurde – ein bisschen Bürokratie musste doch noch sein. Plötzlich erinnerten sich manche Krankenkassen auch wieder an die fundierte Ausbildung der Apothekenmitarbeiter und erlaubten bei nicht vorrätigen Präparaten den Ersatz durch Arzneimittel einer anderen Wirkstoffstärke, einer anderen Packungsgröße oder einer anderen Darreichungsform. Und tatsächlich gelang es, Lieferengpässe zu überbrücken und unnötige Kundenkontakte zu reduzieren.

Nach der Pandemie ist vor der Pandemie

Es besteht die Gefahr, dass alle jetzt getroffenen Maßnahmen mit dem Ende der Pandemie aufgehoben werden und weitergemacht wird wie zuvor. Die Notverordnungen verschwinden mit der Seuche. Zurück bleiben das alte System und dessen schleichender Zerfall, der ungehindert weitergeht. Die Öffentlichkeit wird sich erleichtert anderen Themen zuwenden und die Demontage unserer Arzneimittelversorgung geht weiter. Deshalb ist es notwendig, eine in Umsetzung und Wirkung nachhaltige Gegenstrategie zu entwickeln, denn: Nach der Pandemie ist vor der Pandemie.

Dieses Buch ist das Aufheulen einer Alarmsirene: Unser System der Arzneimittelversorgung steht vor dem Kollaps. Künftig wird nicht mehr jeder Kranke jederzeit die besten Arzneimittel bekommen, Kranksein also riskanter werden. Qualität wie auch Umfang der Versorgung werden weiter rückläufig sein, Medikamente häufiger fehlen. Covid-19 war und ist der ultimative Stresstest, der uns zwingt, uns zu entscheiden, welches Patronat der heiligen Corona wir einfordern: das des Geldes oder das der Seuchenbekämpfung.

Wissen und Verstehen sind die Mittel der Wahl, will man dem beunruhigenden Szenario einer dauerhaft schlechten Versorgung mit Arzneimitteln offensiv begegnen. Deswegen werde ich im Folgenden Ursachen und Art der Bedrohung unserer Arzneimittelversorgung zusammenstellen und sie benennen. Und das heißt im Wesentlichen, die Rolle der Finanzinvestoren und der überregional agierenden industriellen Strukturen und ihren immer machtvolleren Einfluss auf die Politik zu beleuchten. Die Globalisierung macht auch vor pharmazeutischen Produkten nicht halt und ist eine wesentliche Triebfeder der zu beobachtenden Entsolidarisierung.

Arzneimittel in Zukunft nur noch für Reiche?

Seit Jahren wird in Deutschland Gesundheitspolitik nicht mehr im Interesse der Patienten, sondern als eine Art Wirtschaftspolitik betrieben. Daran wird auch Covid-19 nichts ändern, wenn wir nicht besagte neue Strategie erarbeiten, zu der dieses Buch einen Beitrag leisten will. Denn ein Ende der verfehlten »Gesundheitspolitik« ist nicht abzusehen und es ist nur eine Frage der Zeit, wann die daraus resultierenden Bedrohungen greifen werden: Wie lange kann beispielsweise ein solidarisches Gesundheitssystem unter den gegebenen Bedingungen eine optimale Versorgung mit Arzneimitteln leisten? Wie lange wird es noch dauern, bis auch in unserem Land nur noch finanziell gut bis sehr gut aufgestellte Bevölkerungsteile bestmöglich versorgt werden? Und wird die überwiegende Mehrheit der Menschen künftig nur noch eine minderwertige Versorgung mit Arzneimitteln erhalten? Werden auch wir Situationen erleben wie während der Coronapandemie in den USA, wo schon heute nur noch eine kleine, besonders wohlhabende Schicht in den Genuss der bestmöglichen Versorgung mit Arzneimitteln kommt und sich die neuesten Arzneimittel leisten kann?

Längst ist es wie gesagt nicht mehr der Patient, der im Mittelpunkt der Ausgestaltung von Gesundheitsversorgung steht. Innerhalb des Systems gibt es viele Player, die unter- und miteinander um ihren Anteil am Gesamtkuchen ringen. Wir steuern unbemerkt von der breiten Öffentlichkeit auf eine drastische Verschlechterung der Medikamentenversorgung in unserem, für viele Menschen noch immer vorbildlichen, Gesundheitssystem zu. Die Warnsignale sind deutlich vernehmbar. Hinzu kommt, dass die lokalen, dezentralen Einrichtungen geschwächt werden, und schon die nächste Pandemie könnte uns ähnlich hart treffen wie die Coronapandemie die USA heute.

Von der Apotheke zur Resterampe

Als Insider war ich jahrzehntelang Teil eines Systems, dessen Hauptinteressen in seinem Selbsterhalt liegen. Nach fast 30 Jahren Selbstständigkeit als Apotheker habe ich verstanden, dass man nicht betrügerisch vorgehen muss, um auf der falschen Seite zu stehen. Es reicht, einfach nur seine Arbeit zu machen. Deshalb mein Appell: Die Gruppe der integren und dem Wohl der Patienten verpflichteten Apotheker muss ihre Stimme erheben. In den vergangenen Jahren bin ich mit meinen strukturellen Änderungsvorschlägen in Gremien und Politik immer wieder gescheitert. Mir geht es nun darum, meine Perspektive, die Sicht eines Praktikers, öffentlich zu machen. Auch deshalb habe ich dieses Buch geschrieben.

Deutschland war einmal die Apotheke der Welt. Hier wurden wichtige Medikamente und Wirkstoffe entdeckt. Doch nach dem Zweiten Weltkrieg, spätestens aber ab den 1960er-Jahren galt diese Feststellung nur noch als historische Reminiszenz, hat sich der Sache nach in den letzten Jahren ins Gegenteil gewandelt: Mehr als 80 Prozent der Wirkstoffe werden heute in Indien oder China hergestellt, als entsprechend störungsanfälliger erweist sich die Wirkstoffversorgung heute. Besonders in Krisenzeiten!

Noch immer hat Deutschland eines der besten Gesundheitssysteme, um das uns viele Länder beneiden, und auch die Arzneimittelversorgung funktionierte bis vor wenigen Jahren ohne größere

Probleme. Inzwischen aber gelten viele Bereiche des Systems als instabil, häufen sich die Lieferengpässe. Jeden Tag kommt es zu Fällen, in denen Rezepte nicht beliefert werden können.

Ein globalisierter Markt verstärkt auch die Konkurrenzsituation der Absatzmärkte. Unter anderem deshalb haben die asiatischen Wirkstoffproduzenten inzwischen monopolähnliche Stellungen erreicht und können sich in Zeiten der Verknappung ihre Abnehmer aussuchen. Wir sind erpressbar geworden. Das wiederum verstärkt den Druck auf die pharmazeutischen Unternehmer, die ihrerseits durch intransparente Rabattverträge von Seiten der Krankenkassen geknebelt sind. Schwindende Gewinne können also bei generischen Wirkstoffen, die nicht mehr unter Patentschutz stehen und deshalb von mehreren pharmazeutischen Herstellern im Markt vertrieben werden, zu Lieferengpässen beitragen, auch weil Deutschland – aus Sicht der Wirkstoffhersteller – inzwischen zum Billigland geworden ist. Auf allen Handelsstufen entscheidet der erzielbare Profit, unabhängig vom Bedarf der Patienten.

Fünfstellige Verkaufspreise

Bei patentierten, also innovativen Wirkstoffen ist hingegen die Marktmacht der Hersteller besonders ausgeprägt. Der Entwickler des Wirkstoffes hat für die Zeit unter Patentschutz das alleinige Vertriebsrecht und kann deshalb in Deutschland den Preis weitgehend diktieren. Das hat zur Folge, dass die Preisbildung bei patentierten Neueinführungen immer skrupelloser wird und ein fünfstelliger Verkaufspreis keine Seltenheit mehr ist.

Eine gewisse Berühmtheit hat das Präparat Zolgensma® erlangt, ein Medikament gegen eine tödliche Muskelerkrankung bei Babys, das in den USA für mehr als zwei Millionen US-Dollar pro Spritze verkauft wird. In Europa erhielt das Medikament eine bedingte Zulassung im Mai 2020 durch die Europäische Arzneimittel-Agentur (EMA). Das Mittel soll zur Behandlung der betroffenen Patienten sofort zur Verfügung stehen, noch bevor die Bewertung und Preisfindung im jeweiligen Land abgeschlossen sind. Werbewirksam wurden zuvor 100 Packungen vom Hersteller weltweit unter betroffenen Patienten verlost. Ärzte kritisierten diese Lotterie und forderten eine Vergabe nach medizinisch nachvollziehbaren Kriterien. Vor allem auch wurde der Wettbewerb zwischen Patienten kritisiert. Doch der Hersteller, der Novartis-Konzern, ignorierte die Einwände, verteilte das Medikament weiter nach dem Zufallsprinzip.

An diesem Beispiel lässt sich deutlich der Weg erkennen, den die Hersteller künftig gehen werden: Über die betroffenen Patienten soll Druck auf die Solidarsysteme ausgeübt werden, damit die Zulassung beschleunigt und die angestrebten horrenden Preise durchgedrückt werden können. Wucherpreise gefährden aber die Finanzierbarkeit des Gesamtsystems und damit uns alle. Da helfen auch kleinere, beim sogenannten Pricing immer schon einkalkulierte Preisnachlässe oder erfolgsorientierte Erstattungen für einzelne Krankenkassen nicht weiter. Der Hersteller gibt dabei zwar vertraglich eine gestaffelte, mit der Höhe des Erstattungspreises gekoppelte Erfolgsgarantie, aber ohne ein solidarisches Gesundheitssystem müssten diese Medikamente trotzdem aus der eigenen Tasche bezahlt werden.

Wer aber kann zwei Millionen US-Dollar für ein Medikament zahlen?

Höhere Gewinnmargen als im Drogenhandel

Hohe Preise haben noch eine weitere Nebenwirkung: Sie wecken das Interesse skrupelloser Menschen, die gefälschte Produkte auf den Markt bringen. Medikamente, die dem Original zum Verwechseln ähnlich sehen, aber – und das ist noch der günstigste Fall – komplett wirkstofffrei sind. Leider gab es auch schon Fälle, in denen die gefälschten Medikamente schädliche, manchmal sogar giftige Substanzen enthielten. Und darin liegt die Gefahr beim Handel mit Medikamenten, in dem sich längst ein finsterer Schattenmarkt entwickelt hat: Die Gewinnmargen im Handel mit gefälschten Arzneimitteln sind jedenfalls inzwischen wesentlich lukrativer als im internationalen Drogenhandel! Der grenzüberschreitende Internethandel erleichtert diesen Betrügern ihr Geschäft zusätzlich.

Das sind alles keine guten Nachrichten. Und sie stellen zudem nur die berühmte Spitze des Eisberges dar. Zum großen Sockel darunter gibt es nicht viel Angenehmeres zu berichten. Unser solidarisches Gesundheitssystem droht von Geschäftemachern übernommen zu werden. Hier braucht es informierte Bürger, da nur sie gegensteuern und sich wehren können.

Die folgenden Kapitel wollen aufklären und zeigen: Was steckt hinter den unsoliden Geschäftsmodellen? Welche Mechanismen kommen darin zur Wirkung? Welche Spieler sind am Medikamenten-Monopoly beteiligt? Wer profitiert, wer leidet? Wie kam es zu diesen Entwicklungen? Warum werden sie nicht gestoppt? Warum erscheint vieles im Gesundheitswesen so kompliziert und schwer verständlich, und warum hat genau das seine Gründe? Was könnte man tun? Wie sieht die Arzneimittelversorgung der Zukunft aus?

Als Pharmazeut liegt es mir am Herzen, den Patienten und meinen Kunden so viel Informationen wie möglich zu geben. Darin sehe ich meine Aufgabe. Vielleicht kann ich mit meiner Darstellung der strukturellen Defizite, der einseitigen Beschränkungen und Interessen im System einen Teil dazu beitragen, dass Missstände beseitigt werden – damit wir alle auch in Zukunft mit allen nötigen Arzneimitteln gut versorgt sind.

Profit war, ist und darf nie wichtiger als unsere Gesundheit sein.

Die Spieler

WER SIND DIE TREIBENDEN KRÄFTE IM SPIEL? Wer treibt die Preise nach oben und wer verfolgt hier welche Interessen? Und wer spielt überhaupt welches Spiel? Wer ist Verlierer, wer Gewinner? Bevor wir uns dem Spiel mit und um Arzneimittel im Detail zuwenden, wollen wir unseren Blick auf die Spielerinnen und Spieler des laufenden Medikamenten Monopolys richten. Diese halten sich gern im Hintergrund, ihr Einsatz und ihre Strategie bleiben nebulös, und doch eint sie alle der feste Wille, aus jedem Zug das für sie Beste herauszuholen. Planung und Vorgehen der Spieler sind komplex und schwer zu durchschauen, ihr Beziehungsgeflecht undurchsichtig. Allein deshalb ist es immer wieder notwendig, sich den jeweiligen Beteiligten zuzuwenden und vielleicht gerade den Spieler aufzuspüren, der dabei ist, im Spiel massiv dazwischenzugrätschen.

Der Patient (auch: der Beitragszahler)

Der Patient steht (eigentlich) im Mittelpunkt des Systems. Er ist es, um den sich vermeintlich alles dreht. Sein Anliegen, sein Interesse, sein Bedarf sollten Antrieb und Kern des Systems sein. Tatsächlich aber ist der Patient im besten Fall ahnungsloser Beteiligter, im schlechteren Versuchskaninchen und Goldesel. Er selbst greift eigentlich nie ins Geschehen ein, ja kann im Rahmen der ihm zu Gebote stehenden Mittel nicht wirklich eingreifen. Bei den politischen Wahlen spielt die Gesundheitspolitik meist eine untergeordnete Rolle. Nach Lage der Dinge wird der Patient erst aufwachen, wenn es zu spät ist.

Die Leistungserbringer

Zu den Leistungserbringern zählen Ärzte, Zahnärzte, Kliniken, Heilmittelerbringer und natürlich Apotheken. Sie alle stehen im direkten Kontakt zum Patienten und im Zentrum jener Kreise, die etwas verdienen wollen. Die meisten sind bemüht, die Kundenwünsche zu erfüllen und ihre Kunden (Patienten) möglichst wenig zu übervorteilen – schließlich will man sie sich als solche erhalten. Und doch gibt es immer wieder Leistungserbringer, die mit ihrer Art, Geschäfte zu machen, das System, von dem sie ja leben, gefährden.

Die (fast) rein heilberuflichen Leistungserbringer wie die Ärzte spielen zwar eine herausragende Rolle beim Empfehlen und Verordnen von Arzneimitteln, sind aber nur am Rande Gegenstand dieses Buches, dessen Rahmen ansonsten gesprengt würde. Die mehr kaufmännisch orientierten Leistungserbringer wie die Apotheken sind als Teil der unmittelbaren Arzneimittelversorgung, dem Hauptthema dieses Buches, zu unterscheiden in:

 1. ÖFFENTLICHE APOTHEKEN: Ganz Deutschland wird von 19 000 Apotheken versorgt, die circa 16 000 Apothekern gehören. Ihre Zahl ist seit Jahren rückläufig. Die Spitzenorganisation stellt die Bundesvereinigung Deutscher Apothekerverbände e. V. (ABDA), für wirtschaftliche Belange ist der Deutsche Apothekerverband e. V. (DAV) zuständig. Obwohl natürlich nicht jede Apotheke ist wie andere – die einen (so wie meine) bieten auch die Herstellung von Zytostatika-Infusionen, also spezielle Krebsmedikamente, an, andere haben sich weitgehend auf Naturheilverfahren spezialisiert –, werde ich im Text durchgehend von »den Apotheken« sprechen.

 2. KLINIKAPOTHEKEN: Sie versorgen Kliniken und deren Ärzte mit Arzneimitteln. Sie unterliegen hierbei nicht der Arzneimittelpreisverordnung (AMPreisV), weshalb es getrennte Warenströme für Klinikapotheken und öffentliche Apotheken gibt, die unterschiedlich bepreist sind und jeweils nur dort eingesetzt werden dürfen. Dachorganisation ist der Bundesverband Deutscher Krankenhausapotheker e. V. (ADKA), der als Fachgesellschaft für Klinische Pharmazie und Krankenhauspharmazie auftritt. Er hat etwa 2400 Mitglieder, die als Apotheker und Apothekerinnen in Krankenhäusern arbeiten.

 3. VERSANDAPOTHEKEN: Es gibt insgesamt 3500 zum großen Teil inländische, in einigen Fällen ausländische Arzneimittelversender, von denen nur wenige in nennenswertem Umfang aktiv sind. Diese sind dann aber oft fremdfinanziert und eher Logistikunternehmen als Pharmazeuten. Besonders niederländische Versender verzichten ganz auf Präsenzapotheken und sind eigentlich Großhändler, die am Rande der Legalität agieren. Es existiert eine sehr heterogene Vertretung der zugelassenen deutschen Versandapotheken durch den Bundesverband Deutscher Versandapotheken (BVDVA). Zugelassene deutsche Versandapotheken sind Apotheken, die eine gesonderte Versanderlaubnis nach § 11a Apothekengesetz besitzen.

 # Die Krankenkassen

Die Krankenkassen stehen zwischen den Leistungserbringern und den Patienten, für die sie deren Beiträge verwalten. Nach allem, was man weiß, leben sie davon ganz gut und neigen zur Überschätzung ihrer Kompetenzen.
Wir unterscheiden in:

 1. PRIVATE KRANKENVERSICHERUNGEN (PKV): In Deutschland gibt es circa 40 verschiedene Krankenkassen, die erstaunlicherweise das Recht haben, ihre Beitragsforderung entsprechend ihren Ausgaben anzupassen, und deshalb immer Gewinn machen. Der Verband der privaten Krankenversicherung hat 42 ordentliche und acht außerordentliche Mitglieder. Die Krankenversorgung der Bundesbahnbeamten und die Postbeamtenkrankenkasse sind verbundene Einrichtungen des PKV-Verbandes.

 2. GESETZLICHE KRANKENVERSICHERUNGEN (GKV): Wir sprechen hier von circa 120 verschiedenen Orts-, Ersatz-, Innungs-, Betriebs- und anderen Krankenkassen, die vom Gesetzgeber gedeckt sind und deshalb über potenziell wettbewerbsschädliche Einsparungen und Zusatzbeiträge ihre Ausgaben refinanzieren müssen. Der GKV-Spitzenverband ist die zentrale Interessenvertretung der gesetzlichen Kranken- und Pflegekassen in Deutschland und auf europäischer sowie internationaler Ebene. Der Verband vertritt derzeit die Interessen von rund 73 Millionen Mitgliedern, was in etwa 90 Prozent der Bevölkerung entspricht.

Die Wahlmöglichkeit zwischen privater und gesetzlicher Krankenkasse besteht nur, wenn das jährliche Bruttoeinkommen des Versicherungspflichtigen über der Versicherungspflichtgrenze (seit 2020: 62 550 Euro) liegt. Ausgenommen davon sind Beamte und Selbstständige, die sich einkommensunabhängig privat versichern können. Die private Krankenversicherung verspricht beste Behandlung und anfangs auch günstige Beiträge, die im Alter aber stark steigen können. Gerade für junge und gesunde Menschen lohnt sich die private Krankenversicherung daher. Allerdings sollte die Entscheidung gut überlegt sein. Der Weg zurück zu einer gesetzlichen Krankenkasse ist nämlich schwierig und in vielen Fällen nicht möglich.

Die pharmazeutischen Unternehmen (PU)

Das Tätigkeitsfeld der Unternehmen beginnt bei der Arzneimittelforschung und -produktion, sie organisieren die Medikamentenverpackung und den Warenverkehr. Nicht alle PU sind in jedem Tätigkeitsfeld aktiv. Sie haften normalerweise für Wirksamkeit und Unbedenklichkeit der Arzneimittel und gehören insgesamt zu den profitabelsten Unternehmen weltweit. Global agierende Konzerne wie Pfizer, Roche oder Novartis liegen mit ihren weltweiten Umsätzen jeweils bei weit über 40 Milliarden US-Dollar. Dabei ist die Herstellung von Arzneimitteln ein arbeitsteiliger Prozess, der meist weltweit angelegt ist. Das originär deutsche Pharmaunternehmen gibt es praktisch nicht mehr. Wichtige Verbände, die die Interessen der Pharmaindustrie vertreten, sind der Verband der forschenden Pharma-Unternehmen in Deutschland (vfa) und der Bundesverband der Arzneimittel-Hersteller e. V. (BAH), der mitgliederstärkste Branchenverband der Arzneimittelindustrie in Deutschland (vertritt die Interessen von rund 400 Mitgliedsunternehmen, die in Deutschland circa 80 000 Mitarbeiterinnen und Mitarbeiter beschäftigen).

Wir unterscheiden in:

1. WIRKSTOFFLIEFERANTEN: Sie liefern die wesentliche Komponente des Arzneimittels, das API (Active Pharmaceutical Ingredient). Häufig sind diese Lieferanten in Asien lokalisiert.

2. ORIGINALHERSTELLER: Meist globale Unternehmen, die die Patente der Wirkstoffe (APIs) innehaben und die Produktion und Verteilung der Originalpräparate steuern. Sie sind ohne Konkurrenz und politisch meist sehr gut vernetzt. In Deutschland sind sie weitgehend frei in ihrer Preisgestaltung.

3. LOHNHERSTELLER: Die eigentlichen Hersteller des Arzneimittels, die diese als sogenannte »Fertigarzneimittel« produzieren.

4. GENERISCHE HERSTELLER: Oft Tochtergesellschaften der Originalhersteller, manchmal aber auch freie Unternehmen. Vertreiben Arzneimittel, deren Wirkstoffe nicht mehr patentiert sind, agieren meist länderspezifisch und stehen unter massivem Konkurrenz- und Preisdruck. Wichtiger Spezialverband ist Pro Generika e. V. (Verband der Generika- und Biosimilar-Unternehmen in Deutschland).

5. PARALLEL- UND REIMPORTEURE: Eigentlich keine pharmazeutischen Unternehmen, da sie Arzneimittel nur von einem Land in ein anderes verbringen. Ihre Leistung besteht im geschickten Einkauf und länderspezifischen Umpacken und Beschriften. Sie verdienen an Preisdifferenzen zwischen den Ländern. Als wichtiger Spezialverband vertritt der Verband der Arzneimittel-Importeure Deutschlands e. V. (VAD) die Interessen von führenden Arzneimittelimporteuren in Deutschland.

Die Aufsichtsbehörden

Um den großen Bereich der Herstellung und des Vertriebs von Arzneimitteln zu überwachen, sind eine Reihe von Behörden zuständig. Ihre Ausstattung an Material und Mitarbeitern sowie ihre verfügbaren Mittel sind sehr unterschiedlich – ihre Erfolge auch. Wir unterscheiden in:

1. ZULASSUNGSBEHÖRDEN: Es gibt die Europäische Arzneimittel-Agentur (EMA), das Bundesinstitut für Arzneimittel und Medizinprodukte (BfArM), das Paul-Ehrlich-Institut für Impfstoffe (PEI) sowie das Bundesamt für Verbraucherschutz und Lebensmittelsicherheit für Tierarzneimittel (BVL), die europaweit oder länderspezifisch Arzneimittel zulassen und dabei (und danach) überprüfen sollen, ob alles mit rechten Dingen zugeht.

2. AUFSICHTSBEHÖRDEN DER KRANKENKASSEN: Umfasst der Zuständigkeitsbereich der gesetzlichen Krankenkassen mehr als drei Bundesländer, ist das Bundesamt für soziale Sicherung zuständig, ansonsten die Sozialministerien der jeweiligen Bundesländer. Die PKV sind privatrechtliche Organisationen, deren Aufsicht die Bundesanstalt für Finanzdienstleistungsaufsicht (BaFin) innehat.

3. AUFSICHTSBEHÖRDEN DER LEISTUNGSERBRINGER: Obwohl alle maßgeblichen Gesetze wie beispielsweise das Arzneimittelgesetz (AMG) Bundesgesetze sind, sind für die Anwendung und Umsetzung die Länder zuständig. Deshalb gibt es viele Varianten, deren Darstellung den Rahmen dieses Buches sprengen würde. Interessant in unserem Zusammenhang ist, dass Teile der Aufgaben auch auf die Selbstverwaltung (zum Beispiel Kammern) übertragen wurden.

Die Zwischenhändler

Die Zwischenhändler stellen weder etwas her, noch verändern sie etwas an den Arzneimitteln. Ihr Geschäft ist die Organisation von Warenströmen. Ihre Rolle ist nicht immer positiv, aber in einem gewissen Umfang notwendig. Es gibt schlicht zu viele verschiedenartige Fallkonstellationen im Arzneimittelhandel, als dass man auf die Dienste der Zwischenhändler verzichten könnte.
Wir unterscheiden in:

 1. VOLLSORTIMENTERGROSSHANDEL: Als zentrale Schnittstelle zwischen den pharmazeutischen Unternehmen und den Apotheken gewährleistet er eine schnelle und flächendeckende Versorgung der Apotheken durch zentrale Lagerhaltung. Wir sprechen hier von elf Unternehmen mit 111 Niederlassungen, die im Bundesverband des pharmazeutischen Großhandels (Phagro) organisiert sind. Technologisch gut gerüstet, ermöglichen sie im Schnitt drei Belieferungen pro Tag für jede Apotheke Deutschlands.

 2. SPEZIALGROSSHANDEL: Sie haben ein eingeschränktes Sortiment und sind in der Regel spezialisiert auf unzählige Nischen wie Antidiabetika, Impfstoffe, Onkologika, Antibiotika, Medikamente bei Hepatitis oder HIV, bei Kinderwunsch oder Schönheitsbehandlungen. Sie ermöglichen Apotheken, zusätzliche Einkaufsvorteile zu erlangen, die sie bei pharmazeutischen Unternehmen als einzelne Apotheke nicht bekommen, und verdienen dabei mit.

 3. APOTHEKEN MIT GROSSHANDELSERLAUBNIS: Sie kaufen im Namen der Apotheke Produkte, die sie dann teilweise selbst nutzen und zum Teil in parallele Handelsstrukturen schleusen und als »Absatzpuffer« für Hersteller in den Markt drücken.

 4. IM- UND EXPORTEURE: Als Unterart der Spezialgroßhändler zählen dazu meist internationale Apotheken, die sich auf Einzelgeschäfte (Einzelimporte nach § 73 Abs. 3 AMG) spezialisiert haben, das heißt, sie importieren in Deutschland (noch) nicht zugelassene

Arzneimittel auf Anforderung eines Arztes. Sie unterliegen laut Bundesgerichtshof (BGH) nicht der Arzneimittelpreisverordnung und nutzen diesen Vorteil häufig weidlich aus.

 ## Die Finanzinvestoren

Unter Finanzinvestoren versteht man Private Equity (außerbörsliches Eigenkapital) oder Hedgefonds (riskante Investmentfonds, die aktiv gemanagt werden), die inzwischen, oft zeitlich begrenzt, als renditegetriebene Investoren im Gesundheitsbereich auftreten. Bevorzugte Ziele der Finanzinvestoren sind Rezepturherstellbetriebe, Medizinische Versorgungszentren (MVZ), aber auch immer öfter Arztsitze.

 ## Die Medien

Medien berichten regelmäßig über Themen aus dem Gesundheitsbereich – auch über Arzneimittel und Missbrauchsfälle. Beispielsweise wurde ausführlich über den Apotheker aus Bottrop informiert, der zum Teil völlig wirkungslose Krebsmittel an Patienten verkaufte und später deswegen zu zwölf Jahren Haft verurteilt wurde. Neben solchen personenbezogenen und handfesten Skandalen gehen die weitaus gravierenderen Skandale der Arzneimittelversorgung in den Medien eher unter.

 ## Die Berater

Dabei handelt es sich um externe Dienstleister, die gerne von der Politik oder anderen Spielern beauftragt werden, zielgerichtete Gutachten zu erstellen. Oft weit von der Realität entfernt, wie am Beispiel des sogenannten Honorargutachtens noch gezeigt wird, sind sie eine scharfe Waffe als Lobbyisten diverser Auftraggeber.

Der Gesetzgeber

Im Grunde ist der Gesetzgeber der wichtigste Impulsgeber für Veränderungen. Er zeigt sich auch sehr stark an Daten interessiert. Allerdings steht der gesamte Gesetzgebungsprozess im Gesundheitswesen stark unter Lobbyeinfluss.

Spiel Eins

Lieferengpässe

➡️ Lieferfähigkeit entscheidet sich auch in Hyderabad.

➡️ Hohe Rabatte drücken die Preise – und die Vorräte.

➡️ Mangelwirtschaft heißt im Arzneimittelbereich Lieferengpass.

HYDERABAD IST DIE VIERTGRÖSSTE STADT INDIENS. Die Mehr-heit der rund sieben Millionen Einwohner sind Hindus. Das Klima ist tropisch, die Regenzeit geht von Juni bis Oktober, im Sommer kann es bis zu 43 Grad warm werden.

Seit einigen Jahren ist Hyderabad das Zentrum der Biotechno-logie- und Pharmaindustrie in Indien.

Und Hyderabad ist auch einer der Orte, an denen sich Deutsch-lands Arzneimittelversorgung entscheidet, sich das Maß seiner Ab-hängigkeit von asiatischen Herstellern offenbart. Hier zeigt sich, wo-hin es führt, wenn Krankenkassen mit Rabattverträgen die Preise drücken und Pharmakonzerne ihre Gewinnspanne weiter ausreizen. Die Herstellung in dieser Region ist unter anderem ein Grund für Lieferengpässe bei lebensnotwendigen Medikamenten in Deutsch-land und Europa.

Lieferengpässe gab es auch vor Corona, lange bevor globale Liefer-ketten wegen der Pandemie gekappt wurden. Das Virus hat nur vor Augen geführt, wie abhängig die Arzneimittelversorgung in Deutsch-land von Produzenten in Asien ist. Und die jetzt pandemiebedingt unterbrochenen Lieferketten werden noch viele Monate und verstärkt Lieferengpässe hervorrufen. Nicht nur ausgehend von Hyderabad, wo 200 Produzenten von Wirkstoffen tätig sind, sondern auch von der chinesischen Stadt Wuhan und der Provinz Hubei, von wo aus Covid-19 zum Sprung in die ganze Welt ansetzte. Wir können es auch so sagen: Der vermutliche Ausgangsort einer der heftigsten globalen Pandemien ist gleichzeitig eine Kernregion für die weltweite Arz-neimittelversorgung.

Die Discountapotheke der Welt

Insgesamt 136 Arzneimittel für den deutschen Markt stammen aus den Fabriken in der Region Hubei. Im Grunde gibt es global gesehen nur noch eine Handvoll Anbieter, die sich mit der Herstellung von generischen Wirkstoffen beschäftigen. Sie beliefern zahlreiche pharmazeutische Unternehmen gleichzeitig und viele davon sind in Asien ansässig. Die Gründe, warum vor allem in Indien und China produziert wird, sind so zynisch wie erwartbar: Es gibt eine Vielzahl an billigen Arbeitskräften, kostenintensive Umweltauflagen und Vorgaben dagegen kaum, und technologisches Know-how ist vorhanden. Experten gehen davon aus, dass bis zu 90 Prozent der Arzneimittelwirkstoffe in Asien produziert werden. Das hat sich geräuschlos so entwickelt, und es wird breit akzeptiert. Indien ist längst zur Discountapotheke der Welt geworden.

Die Abhängigkeit lässt auch großzügig darüber hinwegsehen, dass die Herstellung von pharmazeutischen Produkten in Asien alles andere als verträglich ist. Ein Rechercheteam der ARD hatte 2017 die illegale Entsorgung großer Mengen an Antibiotika aufgedeckt. Die untersuchten Proben wurden Gewässern rund um Pharmafabriken eben in Hyderabad entnommen – also genau dort, wo fast alle großen Generikahersteller Wirkstoffe und Antibiotika produzieren lassen. Von hinzugezogenen Infektionsmedizinern konnte eine Konzentration an Antibiotika nachgewiesen werden, die teils hundertfach oder gar tausendfach über den jeweils empfohlenen Grenzwerten für die untersuchten Substanzen lag. Verheerende Zustände. Entwickeln doch vorhandene Bakterien gegen die in die Umwelt gelangten Antibiotika Abwehrmechanismen, sodass daraus sogenannte multiresistente Erreger entstehen, für deren Bekämpfung es keine oder kaum mehr wirksame Mittel gibt. Das heißt: Es sind die großen Pharmahersteller selbst, die dazu beitragen, dass multiresistente Erreger entstehen und sich global ausbreiten. Übrigens sollen laut Presseberichten sieben von zehn Indienreisenden multiresistente Keime mit nach Hause bringen.

Wie anfällig das bereits angeschlagene System ist, hat sich während der Coronakrise in aller Deutlichkeit gezeigt, und zwar allein schon an der Nachschubsicherung. Gerade von Hubei aus wurden Lieferketten wegen der Viruspandemie unterbrochen, weil Wirkstoffe verschiedenster Medikamente von unterschiedlichen Herstellern aus ein und derselben Fabrik stammen, die nun fehlten und nicht mehr weiterverarbeitet werden konnten. Im März 2020 stoppte Indien zudem den Export von 26 Wirkstoffen, darunter verschiedene Antibiotika sowie den Klassiker Paracetamol, mit zunehmenden Lieferengpässen ebenfalls als Folge der Pandemie. Generell kann man sagen: Die nahezu vollständige Ausgliederung der Wirkstoffproduktion ist ein wesentlicher Grund für Lieferengpässe in Deutschland und Europa, nicht aber der einzige. Es finden sich Gründe auch hierzulande, nicht zuletzt in dem Dickicht aus sogenannten Rabattverträgen und Vorgaben von Krankenkassen.

Bedrohliche Engpässe

Das Bundesinstitut für Arzneimittel und Medizinprodukte (BfArM) definiert einen Lieferengpass folgendermaßen: »Ein Lieferengpass ist eine über voraussichtlich zwei Wochen hinausgehende Unterbrechung einer Auslieferung im üblichen Umfang oder eine deutlich vermehrte Nachfrage, der nicht angemessen nachgekommen werden kann.« Das ist schön formuliert. Allerdings stehen dem Institut auch keine verunsicherten, manchmal verärgerten Kunden gegenüber.

Denn ich habe es mehr als einmal erlebt, dass ein Kunde mich schlicht für unfähig hielt, das verordnete Medikament für ihn zu besorgen. Das Schlimme daran ist, dass jeder Apotheker, jeder Apothekenmitarbeiter sich mitschuldig fühlt an solcher Misere, für die sie tatsächlich nichts können. Die Apotheke stellt das Ende der Lieferkette dar, dort muss ausgebadet werden, was an anderer Stelle falsch läuft. Dabei ist für uns als Apotheker die Sache »nur« ärgerlich – für Patienten kann ein Versorgungsengpass immerhin bedrohliche, ja lebensgefährliche Folgen haben: dann, wenn aus einem Lieferengpass ein Versorgungsengpass wird und gleichwertige Alternativarzneimittel nicht mehr zur Verfügung stehen.

Wie dramatisch die Lage sein kann, wird nicht immer auf den ersten Blick deutlich. Für eine Apotheke ist es selbstredend nicht gut, wenn an manchen Tagen insgesamt fast 300 verschiedene Arzneimittel vom Großhandel defekt gemeldet und nicht besorgt werden können. Das ist aber Apothekenalltag, den es für die Kunden zu bewältigen gilt. Es gibt sogar offizielle Listen zu den Lieferengpässen. Beispielsweise können Informationen von Behörden wie dem BfArM oder dem Paul-Ehrlich-Institut bezogen werden, bei denen freiwillig gemeldete Lieferengpässe gelistet werden. Diese Listen basieren allerdings bisher auf einer Selbstverpflichtung zur Meldung von Lieferengpässen für versorgungsrelevante Arzneimittel. Mit dem Inkrafttreten des Gesetzes für einen fairen Kassenwettbewerb in der gesetzlichen Krankenversicherung (GKV-FKG) am 1. April 2020 wurden die Befugnisse des BfArM/PEI erhöht: Sie können jetzt Daten und Informationen zu existierenden und drohenden Lieferengpässen von pharmazeutischen Unternehmen und Großhändlern abfragen.

Trotzdem gilt: Solange es keine allgemeine Meldepflicht für Lieferengpässe gibt und zum Beispiel in der BfArM-Liste die verschiedenen Packungsgrößen eines Medikaments nicht berücksichtigt werden, sind die Listen nicht vollständig. Unabhängig davon stellt sich für einen Apotheker die Frage, was es letztlich hilft, eine komplette Liste der aktuellen Lieferengpässe zu bekommen. Die Medikamente fehlen trotzdem und damit die Möglichkeit, die Kunden jederzeit bedarfsgerecht versorgen zu können.

»Das wahre Ausmaß der Engpässe wird unterschätzt«

Dabei klingen viele der Zahlen auf den Listen noch nicht einmal sonderlich dramatisch. Entscheidend ist die Zahl der abzugebenden Packungen, die wegen ihrer Nichtlieferbarkeit ausgetauscht werden mussten. Hinter jedem erfolgten Austausch stehen mindestens ein Kundenkontakt und ein Patient, der sein gewohntes Arzneimittel nicht bekommen hat. Dann zeigt sich schon eher das Ausmaß des Problems, das bestätigt auch die Bundesvereinigung Deutscher Apothekenverbände (ABDA): »Die Lieferengpässe bei Arzneimitteln haben sich im Jahr 2019 auf 18,0 Millionen Packungen fast verdoppelt – nach 9,3 Millionen Medikamenten im Jahr 2018. Im Jahr 2017 waren es sogar nur 4,7 Millionen Arzneimittel gewesen. Die Gesamtzahl der in den Apotheken auf Rezept abgegebenen Medikamente ist derweil in allen drei Jahren bei etwa 650 Millionen konstant geblieben. Das ergibt eine Auswertung des Deutschen Arzneiprüfungsinstituts (DAPI) auf Basis von Abrechnungen der Apotheken mit den gesetzlichen Krankenkassen. Dabei werden nur Rabattarzneimittel berücksichtigt, weil dort das Rezept entsprechend gekennzeichnet ist, sodass das wahre Ausmaß von Lieferengpässen sogar noch unterschätzt wird.«

In der Tat stellen Lieferengpässe *das* Problem in der Apotheke dar.

Laut einer Umfrage der ABDA gaben im Jahr 2019 insgesamt 91 Prozent der selbstständigen Apotheker an, Lieferengpässe seien das größte Ärgernis im Berufsalltag. Zudem sagten 62 Prozent der Befragten, dass sie mehr als zehn Prozent ihrer Arbeitszeit aufwenden würden, um gemeinsam mit Ärzten, Großhändlern und Patienten nach Lösungen für Lieferengpässe zu suchen.

Engpässe, weil Preise gedrückt werden

Die Gründe für Lieferengpässe sind vielfältig. Bereits durch die weltweiten Lieferketten können verschiedene Störungen auftreten: Zentrale Produktionsstätten fallen aus – durch Feuer, Erdbeben, kriegerische Handlungen in Krisengebieten usw. – oder durch eine Pandemie, wie wir gesehen haben.

Zudem gibt es eine ganze Reihe von Ursachen, die in jedem Einzelfall unterschiedlich gewichtet sein können und die, ganz sicher, je nach Lobbyzugehörigkeit unterschiedlich bewertet werden.

Engpässe ergeben sich beispielsweise auch durch Qualitätsmängel, die bei der (kostengünstigen) Produktion auftreten. Eine weitere Ursache für Lieferengpässe, die sich in Coronazeiten auch in vielen anderen Branchen bemerkbar machte, ist die Just-in-time-Produktion mit geringer Vorratshaltung. Die mag unter Normalbedingungen effizienter und kostengünstiger sein, bei Unterbrechung der Lieferketten jedoch stagniert die Versorgung. Doch Lieferengpässe in Deutschland gehen auch auf ein eher geldgetriebenes Problem zurück. Das liegt unter anderem an den Rabattverträgen, die über teils exklusive Ausschreibungen den Erstattungspreis drücken, wie auch an äußerst lukrativen Exportgeschäften. Vereinfacht gesagt: Es gibt auch Lieferengpässe, weil Beteiligte sich nur an der einen Sache orientieren, dem Profit.

Fakt ist, dass unterm Strich immer mehr und auch immer bedrohlicher werdende Lieferengpässe auftreten. Als beispielsweise vor Kurzem das Krebsmedikament Epirubicin wegen eines Lieferengpasses durch Doxorubicin ersetzt werden musste, verschlechterte sich die Prognose bei den betroffenen Patienten, bei einem gleichzeitigen Anstieg von Nebenwirkungen. Wie im Fall von Epirubicin treffen Lieferengpässe meist generische, lange auf dem Markt befindliche Medikamente. Und da geht es – man muss es so offen sagen – nur noch ums Geld, und zwar bis hin zu den letzten Cents. Denn im Gegensatz zur weit verbreiteten öffentlichen Meinung ist Deutschland in den letzten Jahren zum Billigland für generische Arzneimittel geworden. Der Preis wird gedrückt, wo es nur geht.

Krankenkassen sitzen am längeren Hebel

Eine der Hauptursachen ist das Erfolgsrezept der gesetzlichen Krankenkassen für Einsparungen: die erwähnten Rabattverträge. Seit 2003 ist es gesetzlich geregelt, dass Krankenkassen mit den Herstellern von Arzneimitteln Rabattverträge abschließen können – und zwar mit dem Ziel, die Qualität der Versorgung zu verbessern, die Wirtschaftlichkeit durch mehr Transparenz und einen intensiveren Wettbewerb zu erhöhen und die Wahlmöglichkeiten der Versicherten zu erweitern. Ohne beschönigende Worte und in der Realität erweisen sich die Rabattverträge allerdings eher als Ausschreibungen (siehe S. 101), bei denen die Krankenkassen am längeren Hebel sitzen und der niedrigste Preis ausschlaggebend ist. Weder wird dadurch die Qualität der Arzneimittel verbessert, noch läuft irgendetwas transparent, bleiben doch alle Verträge geheim.

Die Hersteller generischer Arzneimittel, deren Wirkstoffe keinem Patentschutz mehr unterliegen, müssen den Kassen hohe Rabatte einräumen, um im Gegenzug mehr oder weniger exklusiver Lieferant zu werden. Krankenkassen können mit einem oder mit mehreren Vertragspartnern Rabattverträge abschließen. Einige von ihnen, wie beispielsweise die AOK, tendieren dazu, exklusive Rabattverträge mit nur einem Vertragspartner zu vereinbaren. Für Patienten bedeuten diese Verträge, dass sie nicht mehr das Medikament von dem Hersteller bekommen, der auf dem Rezept benannt ist, sondern ein vergleichbares Medikament von dem Hersteller, der einen Rabattvertrag mit der Krankenkasse des Patienten geschlossen hat. Das Medikament muss dabei formal den gleichen Wirkstoff, die gleiche Arzneiform, Dosierung und Packungsgröße aufweisen.

AUT-IDEM-REGELUNG

- *Die Aut-idem-Regelung (lateinisch: aut idem = oder das Gleiche) verpflichtet Apotheker, ein wirkstoffgleiches rabattiertes oder preisgünstigeres Arzneimittel abzugeben, falls der verordnende Arzt dies nicht ausdrücklich durch Ankreuzen des Aut-idem-Kästchens auf dem Rezeptvordruck ausgeschlossen hat. Dabei ist auf die gleiche nominelle Wirkstärke, die gleiche Darreichungsform und in etwa die gleiche Packungsgröße zu achten.*

Gemäß der sogenannten Aut-idem-Regelung sind die Apotheken verpflichtet, das bisherige Medikament durch ein rabattiertes Medikament zu ersetzen. Lehnt der Patient diesen Zwangswechsel ab, kann sein Arzt das bisherige Medikament durch Setzen eines Aut-idem-Kreuzchens weiter verordnen. Zu viele Aut-idem-Kreuzchen können allerdings dem verordnenden Arzt Wirtschaftlichkeitsprüfungen und Regresse durch die betroffenen Krankenkassen bescheren.

Alternativ kann der Patient auch ein Privatrezept erhalten, muss dann aber den Verkaufspreis des Arzneimittels zunächst komplett übernehmen und kann sich anschließend direkt bei seiner Krankenkasse um Erstattung bemühen. Das ist ein umständlicher und nicht immer erfolgversprechender Weg. Um die Akzeptanz der rabattierten Arzneimittel zu erhöhen, können die Krankenkassen sie von der gesetzlichen Zuzahlung befreien, soweit eine Zuzahlungsbefreiung nicht bereits im Rahmen der Festbeträge für Arzneimittel besteht.

ZUZAHLUNGEN

- *In der gesetzlichen Krankenversicherung (GKV) sind Zuzahlungen eine Form der direkten finanziellen Selbstbeteiligung der Versicherten an den Kosten ihrer individuellen Inanspruchnahme von Gesundheitsleistungen. Sie fallen zusätzlich zu den Beitragszahlungen an. Das GKV-Modernisierungsgesetz von 2004 regelt, dass bei diesen Leistungen die Zuzahlung generell zehn Prozent des Abgabepreises (mindestens fünf, höchstens zehn Euro), jedoch nicht mehr als die Kosten der jeweiligen Leistung (zum Beispiel bei Arzneimitteln, die weniger als fünf Euro kosten) beträgt. In der GKV sind Kinder und Jugendliche bis zum vollendeten 18. Lebensjahr von Zuzahlungen befreit, mit Ausnahme von anfallenden Fahrkosten.*

Das Instrument »Rabattvertrag« hat sich weitgehend durchgesetzt. Ende 2018 gab es 28 000 Rabattverträge, die zwischen 110 beteiligten Krankenkassen und 184 pharmazeutischen Unternehmen geschlossen wurden. Es waren 17 800 Arzneimittel (Pharmazentralnummern) betroffen und zur Umsetzung mussten 12,6 Millionen Datensätze in der Apotheken-EDV programmiert werden. Aber es wurde eben auch eine Menge gespart, ausschließlich auf Seiten der Kassen.

Lieferengpässe aufgrund von Rabattverträgen?

Gerade exklusive Rabattverträge werden immer wieder als mögliche Ursache von Lieferengpässen genannt. Die Krankenkassen sehen das naturgemäß anders. Sie sagen, exklusive Verträge würden den Vertragspartnern mehr Planungssicherheit geben und deshalb die Versorgungssicherheit erhöhen. Außerdem könne der exklusive Vertragspartner die Absatzmengen besser kalkulieren als bei Mehrpartnerverträgen, bei denen er mit mehreren Anbietern konkurrieren müsste, so die Argumentation beispielsweise der AOK. Exklusive

Rabattarzneimittel: Verträge und Einsparungen der GKV im Vergleich

	2016	2017	2018
Zahl der Rabattverträge zum Jahresende	24 000	27 300	28 000
Einsparungen der GKV im Gesamtjahr	3,9 Mrd. Euro	4,0 Mrd. Euro	4,4 Mrd. Euro

Quellen: ABDATA, Pro Generika e. V., Bundesministerium für Gesundheit (BMG), IQVA Commercial GmbH & Co. OHG

Rabattverträge würden auch dazu beitragen, unnötige Medikamentenwechsel zu vermeiden, was wiederum die Therapietreue der Patienten und damit den Therapieerfolg fördern helfe. Zudem würde die Anbietervielfalt steigen. Generell sehen die Kassen in Lieferengpässen kein gravierendes Problem und der Mehraufwand für die Apotheken sei gering. Ganz im Gegenteil würden Mehrfachvergaben den Konzentrationsprozess hin zu größeren Konzernen fördern, weil dann vor allem große Anbieter größere Marktanteile erzielen könnten und kleinere Anbieter das Nachsehen hätten.

Diese schräge Argumentation verkennt die Realität leider völlig und beruht auf einem sehr eingeschränkten Blickwinkel. Hier scheint doch eher der Wille, mit exklusiven Rabattverträgen einen strikten Sparkurs zu fahren, ausschlaggebend zu sein. Dass Rabattverträge sehr wohl zu Lieferengpässen führen, hat der Verband Pro Generika in einer Studie ermittelt. So wurden 2017 insgesamt vier Millionen Arzneimittelrezepte mit der Sonder-Pharmazentralnummer (PZN) für Nichtlieferbarkeit bedruckt. 60 Prozent dieser Arzneimittel stammten demnach aus einem rabattierten Ein-Partner-Modell. Bei 27 Prozent der nicht lieferbaren Arzneimittel lag ein Rabattvertrag mit zwei oder drei Partnern vor. Bei weiteren neun Prozent gab es sogar mehr als drei Vertragspartner. Hier trägt also die Exklusivität der Rabattverträge zumindest Mitschuld an den Lieferengpässen.

»Die Packung sah letztes Mal anders aus«

Doch die Exklusivität ist nicht allein die Ursache des Problems. Für Patienten ist jeder Wechsel der Arzneimittel schwierig und wird immer mit Skepsis verfolgt. Egal ob dieser Wechsel innerhalb eines Mehr-Partner-Modells oder einer alle zwei Jahre möglichen exklusiven Ausschreibung geschieht, er muss apothekenseitig überzeugend erklärt werden, und das setzt ein Mindestverständnis bei den Patienten voraus. Die meisten Apotheken haben inzwischen kundenspezifische Vermerke gespeichert, um den Umgang mit Problemkunden (»Die Packung hat aber beim letzten Mal anders ausgesehen!«) zu erleichtern. Zusätzliche Arbeit macht das Ganze auf jeden Fall.

Und: Vielfalt durch Wettbewerb zu fördern, funktioniert in aller Regel nicht, vor allem nicht bei Arzneimitteln. Aus meiner täglichen Erfahrung weiß ich, dass es sich ohnehin nur um eine Pseudovielfalt handelt. Denn die großen Pharmakonzerne leisten sich einfach mehrere Generikafirmen, die in unterschiedlichen Preissegmenten unterwegs sind, sich gegenseitig bedingt Konkurrenz machen und wie die meisten konzernunabhängigen Generikafirmen bei ganz wenigen weltweit angesiedelten Wirkstoffproduzenten einkaufen. So beziehen Stada, Teva, der Mutterkonzern von Ratiopharm, oder Sandoz, Hexal sowie 1 A Pharma, die alle drei zum Novartis-Konzern gehören, Antibiotikawirkstoffe aus dem mehrfach erwähnten Hyderabad.

Im Ausland ist mehr zu verdienen

Gerade die Abhängigkeit von wenigen Herstellern und die Tatsache, dass ein sehr hoher Anteil der Produktion beispielweise von antibiotischen Wirkstoffen außerhalb der EU stattfindet, erweist sich zunehmend als Bumerang. So kritisiert der Verband Pro Generika schon lange die Krankenkassen dafür, dass sie bei Ausschreibungen von Rabattverträgen stets nur nach dem niedrigsten Preis gehen würden. Eine Produktion in Deutschland oder der EU könne nicht kostendeckend stattfinden. So oder so spielen die möglichen Einkaufsvorteile die entscheidende Rolle. Und am Ende ist es immer eine Apothekerin/ein Apotheker, die/der im Laden Patienten vertrösten und gegebenenfalls nach Alternativen suchen muss. Wie es mir erging im Fall Epirubicin.

Anfang 2020 kam es im Markt zu einem Lieferengpass für Epirubicin. Das Medikament war nicht mehr zu besorgen. Epirubicin ist ein relativ günstiges, schon lange bekanntes Zytostatikum, das unter anderem bei Brustkrebs eingesetzt wird. Ein Anruf bei einem der wenigen noch verbliebenen großen deutschen Hersteller ergab: Es sei noch genügend Ware vorhanden, aber in Deutschland könne erst in drei Monaten wieder geliefert werden – der Rest gehe ins europäische Ausland. Subtext: Dort verdienen wir mehr.

Jetzt werden sich Krankenkassenmitarbeiter fragen: Was hat das mit unseren Rabattverträgen zu tun? Nun, der Fall zeigt das Wirken unseres Wirtschaftssystems und die zu lernende Lektion lautet: Die Regeln dieses Systems kann man nicht ungestraft über einen längeren Zeitraum missachten. Epirubicin steht hier exemplarisch für das Entstehen von Lieferengpässen im generischen Bereich. Denn anders als bei den geheim gehaltenen Abschlägen auf die Listenpreise durch die Rabattverträge bei der normalen Generikaversorgung sind die Zahlen bei der Abrechnung hergestellter Krebsinfusionen weitgehend bekannt. Für Epirubicin müssen die herstellenden Apotheken den GKV-Krankenkassen 83,7 Prozent Rabatt gewähren. Was im Umkehrschluss bedeutet, dass sie die Ware mindestens mit einem derartigen Rabatt einkaufen müssen, was nur für die Herstellung patientenindividueller Infusionen zur Krebsbehandlung auch gesetzlich möglich ist.

Kleine Preise, wenig Ware

Da die den Apotheken bezahlte Herstellerpauschale für die Zubereitung dieser Infusionen zu niedrig angesetzt wurde (wie in Spiel zwei zu »Verwürfen« geschildert), muss die Apotheke, um mindestens kostendeckend zu arbeiten, am Arzneimittel etwas mitverdienen, der tatsächliche Einkaufspreis also noch niedriger liegen. Zu diesen ohnehin schon schlechten Bedingungen kommt hinzu, dass der Hersteller noch den Herstellerrabatt an die Krankenkassen zahlen muss.

Dabei sollte er am Ende des Tages seine Leistung (Wirkstoff, Herstellung, Vertrieb und Bereitstellung) inklusive eines kleinen Gewinns ausreichend vergütet bekommen haben. Ob das funktioniert?

Wohl nicht. Denn in der Marktwirtschaft ist tatsächlich der Gewinn die entscheidende Motivation. Ohne Gewinn wird nicht mehr produziert. Ohne ausreichend Gewinn wird die Produktion in Billiglohnländer ausgelagert oder die produzierte Ware schlicht in andere Länder verkauft. Kann also ein Hersteller seine Ware in Märkte liefern, in denen er besser verdient, liegt die Entscheidung auf der Hand: Er wird sich für die höchste Gewinnspanne entscheiden – und dort zuerst beliefern.

Das wiederum kann zu Lieferengpässen in Ländern mit niedrigeren Erstattungspreisen führen – wie im Fall von Deutschland. Denn wenn Rabattverträge wie Ausschreibungen gehandhabt werden, führt das immer zu sehr niedrigen Preisen. Und wenn die produzierte Menge nicht ausreicht, weil sich zum Beispiel andere Hersteller aus dem Preiswettbewerb zurückgezogen haben oder weil im Wirkstoff Verunreinigungen gefunden wurden, fällt die Versorgung des Marktes mit dem niedrigsten Preisangebot als Erstes aus. Auch dann ist Deutschland schnell dabei.

Daran ändern auch Rechenexempel der Krankenkassen mit Umsatzanteilen des deutschen Marktes am Weltmarkt nichts. Gibt es nicht genügend Packungen, spielt der Umsatz eine untergeordnete Rolle. Zuerst kommt der Gewinn und dann der Umsatz. Das gilt leider auch für das besondere Gut Arzneimittel. Als verbindendes Glied zwischen Lieferengpässen und Rabattverträgen erweist sich also der Profit. Medikamenten-Monopoly eben.

Warum oft die Verpackung entscheidet und nicht der Inhalt

Auch Re- und Parallelimporteure haben erkannt, wie sich Preisunterschiede in europäischen Ländern geschickt ausnutzen lassen. Zur Erklärung: Reimporteure und Parallelimportcure produzieren keine Arzncimiltel, sondern packen sie nur um. Sie helfen daher nicht direkt bei der Versorgung, sondern verschieben höchstens einen Lieferengpass von einem Land in das nächste und verdienen daran mit.

WAS SIND PARALLEL- UND REIMPORTE?

■ *Mit dem Begriff Parallel- und Reimporte (im Folgenden kurz Reimporte genannt) werden Arzneimittel bezeichnet, die vom Hersteller für einen ausländischen Markt bestimmt und entsprechend verpackt worden sind, dort aber nicht zum Patienten gelangen, sondern von speziellen Importhändlern aufgekauft und in Deutschland auf den Markt gebracht werden. Da das Originalprodukt in Deutschland bereits eine Zulassung hat, ist für die reimportierten Medikamente ein vereinfachtes oder – wenn europaweit bereits zugelassen – kein Zulassungsverfahren notwendig. Der Importeur muss lediglich die fremdsprachigen Beschriftungen auf der Packung und die Beipackzettel durch deutschsprachige ersetzen, die Durchdrückpackung kann unverändert bleiben. Der wirtschaftliche Anreiz für den Reimport wird durch internationale Preisdifferenzen geschaffen. Dadurch ist es möglich, ein Arzneimittel zu einem niedrigen Preis im Ausland zu erwerben und zum Beispiel in Deutschland zu einem höheren Preis zu verkaufen. Der umgekehrte Weg ist genauso möglich.*

Das Fell des ahnungslosen Patienten

Inzwischen hat sich das Problem der Lieferengpässe, auch durch Mitwirkung dieser Importeure, auf viele Länder Europas ausgedehnt. Nach einer Umfrage des europäischen Apothekerverbands (PGEU) in 24 Ländern Europas, insbesondere Ost- und Südosteuropas als von Parallelexporten besonders betroffenen Ländern, ergab sich 2019 ein eindeutiges Bild in Sachen Lieferengpässe. Die überwiegende

Mehrheit der Befragten gab an, dass sich die Situation im Vergleich zu 2018 verschlechtert habe. Von den Verknappungen waren durchgehend alle Arzneimittelklassen betroffen. Vor allem Medikamente im Bereich Atemwege (87 Prozent), gefolgt von Herz-Kreislauf-Präparaten, die in mehr als 80 Prozent der Länder knapp waren. Insgesamt gesehen waren in jedem Land mindestens 200 Arzneimittel Mangelware, in manchen waren sogar 400 Arzneimittel nicht ausreichend verfügbar. Erscheint das Geschäftsmodell moralisch auch sehr bedenklich, ist es doch legaler Bestandteil des laufenden Medikamenten-Monopolys.

Inzwischen haben manche Länder bereits Exportverbote für ihre eigenen Arzneimittel erlassen, um so Lieferengpässen vorzubeugen. Auch in Deutschland wurde bereits über ein Exportverbot nachgedacht, was wiederum in Ländern wie der Schweiz, die ihrerseits viele Medikamente aus Deutschland importiert, bereits Befürchtungen auslöste. Angesichts solcher Meldungen ist unschwer zu erkennen, dass das Wirken der Re- und Parallelimporteure unter dem Strich nicht wirklich problemlösend ist. Allerdings beteiligen sich auch die Vollsortimenter-Großhandlungen sowie Apotheken, die über eine Großhandelserlaubnis verfügen, an diesen Verschiebegeschäften. Gerade bei Originalpräparaten werden erhebliche Teile der von den Originalherstellern für Deutschland zur Verfügung gestellten Ware in andere europäische Länder exportiert – wenn die Gewinnmarge stimmt.

Der Handel richtet sich eben immer nach Angebot und Nachfrage, auch bei Arzneimitteln. Auch hier tobt wieder der Streit um das Fell des ahnungslosen Patienten – dessen Ahnungslosigkeit im Übrigen auch zum Problem wird.

Gerüchte und gezielte Falschinformationen

Lange vor Corona war das erstaunliche Phänomen zu beobachten: Eine gelungene Werbekampagne zur rechten Zeit – ein schönes Beispiel bleibt das »Abnehmen im Frühjahr« – und schon waren Produkte nicht mehr zu bekommen. Ging es in der Vergangenheit um harmlose, freiverkäufliche Produkte wie Kohlkapseln oder Ähnliches, hat sich inzwischen das »Hamstern« auch auf ernsthaft benötigte und zum Teil verschreibungspflichtige Arzneimittel ausgedehnt. Und erneut spielen die sozialen Medien eine besonders in Zeiten der Verunsicherung unrühmliche Rolle.

Postet jemand auf Twitter, dass man Coronaviren durch Gurgeln mit Wasserstoffperoxid abtöten kann, ist diese Chemikalie zwei Tage später nicht mehr zu bekommen. Das ist problematisch, weil Wasserstoffperoxid zur Herstellung von Desinfektionsmitteln gebraucht wird und sich tatsächlich nur bedingt zum Gurgeln eignet. Anderes Beispiel: Liefert die Weltgesundheitsorganisation (WHO) ein nur halb gares Dementi zu einem Bericht über die angeblichen Vorteile von Paracetamol gegenüber Ibuprofen, sind wenige Tage später keine Paracetamol-Säfte mehr für fiebernde Kinder zu bekommen. Diese Fehlmeldungen und Gerüchte, diese sich rasant verbreitenden Falschmeldungen erweisen sich inzwischen als handfestes Problem.

Fake News sind oft gut gemacht und werden nicht selten mit voller Absicht (zur Umsatzsteigerung oder für politische Zwecke) eingesetzt. In jedem Fall finden sie über die sozialen Medien ungleich schneller und gezielter Verbreitung, um an empfängliche Personen zu gelangen, als es mit den früheren Marketingmaßnahmen möglich war.

Je mehr Fake News zur vermeintlichen Wirkung von Arzneimitteln kursieren, desto mehr Lieferengpässe können entstehen. Zuerst hamstern Patienten, dann manche Apotheken, um einerseits die Kunden zu versorgen, andererseits aber auch ein Zusatzgeschäft zu machen. Statt eindeutig von bestimmten Mitteln abzuraten, was auch nicht in jedem Fall hilft, schwimmen manche Kollegen bei jeder Welle mit. Die Situation verschärft sich so für all diejenigen, die sich nicht an der Hamsterei beteiligen. Von Solidarität keine Spur mehr.

Fehlplanungen in einem fragilen System

Das Problem bei arbeitsteiligen Prozessen, die immer einen zeitlichen Vorlauf brauchen, ist, dass sie ein gewisses Maß an Planbarkeit voraussetzen. Das gilt insbesondere für die Arzneimittelproduktion. Je weniger Produzenten es gibt, je stärker die Arbeitsteilung fortgeschritten ist und je weiter voneinander entfernt die einzelnen Komponenten produziert werden, desto länger ist die Reaktionszeit auf plötzliche und unkalkulierbare Marktveränderungen. Da Lagerkapazitäten und Vorratshaltung nicht immer ausreichend gegeben sind, erhielten während der Coronapandemie das BfArM, das PEI und das Gesundheitsministerium erweiterte Befugnisse bei der Ermittlung von Versorgungsengpässen. Sie können sogar eine Kontingentierung sowie eine Erhöhung der Vorratshaltung anordnen, was aber das grundlegende Problem nicht immer lösen hilft. Fällt eine Komponente der Lieferkette aus welchen Gründen auch immer aus, wird das Angebot zu klein und ein Lieferengpass entsteht. Es kann aber auch zu einem plötzlichen Anstieg der Nachfrage kommen, wodurch das Angebot ebenfalls zu klein wird und ein Lieferengpass entsteht. Doch je weniger Produzenten auf dem Markt, desto fragiler das System. Dann können selbst Planungsfehler zu unbeabsichtigten Lieferengpässen führen.

Vor einiger Zeit beispielsweise ist das Patent für Azazitidin ausgelaufen. Celgene, der frühere Patentinhaber, rechnete damit, dass mehrere Nachahmer in den Markt einsteigen würden, vor allem aber, dass Umsatz verloren gehen könnte. Also wurde aus wirtschaftlichen Überlegungen die Produktion zurückgefahren. Tatsächlich gab es aber nur einen Mitbewerber, der zudem nur wenig Ware produziert hatte. Die Folge war ein Lieferengpass, der nicht so schnell wieder behoben werden kann.

Oder ein weiterer Fall aus Kanada, das mit fast 2000 Lieferengpässen, Stand 2019, ohnehin schwer getroffen ist: Bei einem wichtigen Wirkstoff zur Brustkrebsbehandlung (Tamoxifen) beschloss der Hersteller Apotex, seinen Herstellungs- und Formulierungsprozess in einem Werk in Ontario zu ändern. Durch Konsolidierungen und Zusammenschlüsse von Unternehmen auf dem kanadischen

Pharmamarkt und einem tatsächlichen Wegbrechen von Wettbewerb hatte sich die Situation ergeben, dass dieses eine Werk etwa zwei Drittel des Marktes in Kanada belieferte. Weil aber im Werk »optimiert« wurde, entstand ein lang andauernder Lieferengpass, der von den verbliebenen Konkurrenten mangels Masse nicht kompensiert werden konnte.

Wie gesagt: Wir sprechen von einem Brustkrebsmedikament.

Besonders perfide wird die Angelegenheit, wenn das Angebot absichtlich verknappt wird, um den Preis in die Höhe zu treiben. Auch dieses Vorgehen ist nicht unüblich, speziell unter Groß- und Zwischenhändlern. Sie kaufen große Mengen eines Arzneimittels auf und bestimmen dann, wenn möglich, den Preis oder bevorzugen bestimmte Klientele, um sie an sich zu binden. Es gibt also vielfältige Ursachen für die Entstehung von Lieferengpässen, die nicht einfach zu beseitigen sind. Transnationale Arbeitsteilung und Globalisierung sind weit fortgeschritten und jeder Beteiligte hat seine egoistischen wirtschaftlichen Zielsetzungen und Überlegungen, die sich nicht an einer krisenfesten Versorgung eines Staates orientieren.

Andererseits wird es angesichts der Vielzahl lebenswichtiger Arzneimittel ziemlich schwierig sein, die komplette Produktionskette ausgehend von den Chemikalien, die für die gesamte Wirkstoffsynthese notwendig sind, wieder nach Europa zurückzuverlagern. Abnahmegarantien oder Mindestpreise festzusetzen, scheint auch keine praktikable Lösung zu sein. Denn nur wenn alle Schritte der Wertschöpfungskette in Europa stattfinden, wäre die Abhängigkeit von Asien beseitigt.

Dabei stellt sich die politische Frage, will man das überhaupt? Ist es überhaupt sinnvoll, die globale Arbeitsteilung und die globalen, gegenseitigen Abhängigkeiten komplett zurückzufahren? Vielleicht wäre es insgesamt sinnvoller, ein großes Depot für Krisenzeiten aufzubauen, das vergleichbar den Bundeswehrdepots oder der nationalen Energiereserve in Krisenzeiten die Versorgung mit wichtigen Arzneimitteln sicherstellen könnte. Mit einer ausgefeilten Logistik und einer entsprechenden Analytik könnten in diesen Depots auch die Verluste und Kosten minimiert werden. Ganz ohne zusätzliche

Kosten wird es uns nicht gelingen, Lieferengpässe zu vermeiden und eine krisenfeste Versorgung sicherzustellen.

So oder so sind tiefe Eingriffe in das System notwendig, will man Lieferengpässe wirklich in den Griff bekommen. Denn wie die aufgeführten Beispiele zeigen, tanzen alle Spieler um das goldene Kalb des Profits und Lieferengpässe sind das unvermeidliche Resultat dieser Veranstaltung. Der Patient muss damit leben.

Spiel Zwei

Verwurf

➡ **Für die Haltbarkeit von Medikamenten wird keine Haftung übernommen.**

➡ **Packungsgrößen sind für den Gewinn wichtig.**

➡ **Kein Reinraum und trotzdem Lieferant für Krebsinfusionen.**

SIE WOLLTEN DEN SKANDAL – UNBEDINGT. Sie erzählten von den Zuständen in den Versorgungszentren und wie Finanzinvestoren den Markt mit Krebsmitteln aufmischen. Sie sprachen von Finanzströmen und von mächtigen Investoren, die keine Steuern zahlen, von globaler Abzocke, von Onkologen, die sich mit Millionen ködern lassen. Die beiden Journalisten wollten die große Geschichte, den Skandal um Krebsbehandlung und um Leute, denen es immer nur um Geld geht. Wir saßen in einem Café und sprachen über die Abgründe der Arzneimittelversorgung. Von mir wollten sie Details erfahren, Informationen bekommen, Zusammenhänge erklärt haben.

Mir wäre es lieber gewesen, über das Verwurfsproblem mit ihnen zu sprechen. Über Arzneimittelreste, die bei der Herstellung von Infusionslösungen in Apotheken anfallen. Das Thema »Verwurf« beschäftigt mich schon seit Jahren, allein mein Prozess gegen die AOK Bayern wegen korrekt abgerechneter Verwürfe zieht sich jetzt fast sechs Jahre hin, und das grundlegende Problem schien sich, wenn überhaupt, nur noch über öffentlichen Druck lösen zu lassen.

Verwurf klingt allerdings so gar nicht nach »Skandal«. Das Problem dahinter ist vielschichtig, komplex und erklärungsbedürftig. Es geht um Haltbarkeiten, um Packungsgrößen, um Transportwege – und um Pharmafirmen, die von längeren Haltbarkeiten wissen, diese aber nicht angeben. Das ist nicht die große Geschichte von Manipulation und Missbrauch, das ist grauer Apothekenalltag. Es geht um Vertrauen und Zuverlässigkeit. Und natürlich geht es auch beim Thema Haltbarkeiten und Packungsgröße um Geld und um pharmazeutische Qualität. Aber vor allem geht es darum, dass Apotheker teure Medikamente entsorgen, entsorgen müssen.

Der »unvermeidliche« Verwurf

Verwurf ist das, was nicht mehr gebraucht wird, sich nicht mehr verwenden lässt. Arzneimittelreste entstehen, weil wir Infusionen patientenindividuell herstellen, jeder Einzelne seine passende Dosierung bekommen soll. Verwurf entsteht aber auch, wenn Packungsgrößen und Haltbarkeiten falsch gewählt werden, und zwar vom Arzneimittelhersteller zu seinen Gunsten. Wenn ein Apotheker eine Infusion für einen Patienten vorbereit, benötigt er beispielsweise 120 Milligramm eines Wirkstoffs, kann aber nur ein Fläschchen mit 150 Milligramm Wirkstoff einkaufen. Können die übrigen 30 Milligramm nicht innerhalb der vorgegebenen Haltbarkeitsfrist für einen anderen Patienten verwendet werden, wird aus ihnen sogenannter »unvermeidlicher Verwurf«. Darüber hinaus gibt es Lösungen, die ohnehin nur wenige Stunden haltbar sind und entsprechend schnell verworfen werden müssen.

Der unvermeidliche Verwurf landet im Sondermüll, wird entsorgt, wie Medikamente eben entsorgt werden, meist durch Verbrennen. Verwurf ist ärgerlicher Teil des Apothekeralltags, oft nicht vermeidbar, aber teilweise auch gewollt. Mit Verwurf wird Umsatz gemacht.

GEBRAUCHS- UND FACHINFORMATION

- *Pharmazeutische Unternehmen sind nach dem Arzneimittelgesetz (AMG) verpflichtet, Arzneimitteln eine* Gebrauchsinformation *(Packungsbeilage) beizulegen. Fachkreisen muss eine Fachinformation zur Verfügung gestellt werden. Die Gebrauchsinformation muss zur Information des Patienten insbesondere Gegenanzeigen, Wechsel- und Nebenwirkungen, Dosierungsanleitung und Anwendungsgebiete des Arzneimittels erläutern.*
- *Die rechtlich verbindliche* Fachinformation *ist die deutsche Entsprechung der sogenannten Zusammenfassung der Produktmerkmale eines Arzneimittels (Summary of Product Characteristics, SmPC), eines zentralen Dokuments in europäischen Zulassungsverfahren. Sie beschreibt zusätzlich die pharmakologisch-toxikologischen Eigenschaften eines Arzneimittels sowie dessen*

Pharmakokinetik, gibt Hinweise auf die wichtigsten Inkompa-
tibilitäten (chemisch-physikalische Unverträglichkeiten) und
macht Angaben zu Notfallmaßnahmen, Symptomen und Gegen-
mitteln, Zubereitungsschritten, Lagerbedingungen, Haltbarkeiten
usw.

Ein besonders drastisches Beispiel war Bortezomib, lange Jahre exklusiv vertrieben von Janssen Cilag. Bortezomib ist ein Mittel, das
noch heute bei Krebspatienten in der Chemotherapie eingesetzt
wird. Obwohl die durchschnittliche Dosis pro Patient bei ungefähr
2,4 Milligramm Bortezomib liegt, war von 2011 bis Ende 2019 nur
noch eine 3,5-Milligramm-Packung dieser Firma im Markt verfügbar.
Die Ein-Milligramm-Packungsgröße hatte Janssen Cilag vom Markt
genommen und trotz bestehender Zulassung nicht wieder eingeführt.
An der zu großen Packung mussten sich nun die rund 300 Apotheken in Deutschland, die Zytostatika für Chemotherapien herstellen,
abmühen. Zytostatika sind Wirkstoffe, die die Ausbreitung von Krebs-
zellen bremsen sollen. Bei der Herstellung der Infusion für einen Patienten kommt es auf die exakte Dosierung an, die sich in der Regel
an Gewicht und Größe des Patienten orientiert. Nur dann sterben
die Tumorzellen und überleben die gesunden Zellen. Im Schnitt werden also rund 2,4 Milligramm benötigt, manchmal mehr, manchmal
weniger. Doch Bortezomib gab es bis zum Patentablauf 2019 eben
nur in Ampullen mit 3,5 Milligramm und nur von einer Firma. Und
der Rest, die 1,1 Milligramm? Fast immer unbrauchbar, laut verbind-
licher Fachinformation nur acht Stunden haltbar.

1,1 Milligramm Wirkstoff durchschnittlicher Verwurf – das klingt
wenig, summiert sich aber, gerade bei der Krebsbehandlung. Denn
ein Milligramm Bortezomib entsprach zum damaligen Zeitpunkt ungefähr 450 Euro. Geld, das meist direkt, ohne Umweg in den Sondermüll wanderte und den Umsatz respektive Gewinn von Janssen Cilag
entsprechend erhöhte. Und diese »minimalen« Verwürfe können
schnell zu enormen Beträgen auflaufen. Denn falsch dimensionierte
Packungen und knappe Haltbarkeiten gibt es bei vielen Krebsmedika-
menten, der Verlust ist daher enorm. Die Krankenkassen gehen da-

von aus, dass auf diesem Weg, allein in Deutschland, mindestens 65 Millionen Euro pro Jahr verbrannt werden – Zahlen aus dem Jahr 2016.

Auf der anderen Seite verzeichnen besonders Hersteller wie Janssen Cilag einen Mehrumsatz, der ebenfalls in den zweistelligen Millionenbereich pro Jahr gehen kann. Und das nur, weil sie eine überdimensionierte (und damit zu teure) Packung eines nur kurz haltbaren Krebsmedikaments verkaufen.

Mit dem Patentablauf hat sich das Bortezomib-Problem erwartbar gelöst: Inzwischen gibt es im Markt mehrere Packungsgrößen verschiedener Hersteller und auch die verbindliche Haltbarkeitsfrist hat sich auf wundersame Weise verlängert.

Eine dreiste Abzocke

Das Grundproblem ist allerdings geblieben. Die Firma Roche hat im Februar 2020 zur Krebsbehandlung den Wirkstoff Polatuzumab Vedotin in den deutschen Markt eingeführt. Der Apothekeneinkaufspreis für die einzige verfügbare Packungsgröße von 140 Milligramm des unter dem Namen Polivy® vermarkteten Wirkstoffs betrug zum Start 12 338 Euro netto, also 88,13 Euro netto je Milligramm Wirkstoff.

Ein stolzer Preis. Vor allem im Hinblick auf eine empfohlene Dosierung von 1,8 Milligramm pro Kilogramm Körpergewicht. Das durchschnittliche Körpergewicht eines Erwachsenen liegt in Deutschland bei 77 Kilogramm, es gibt aber auch Menschen mit 60 oder 90 Kilogramm. Laut Roche ist die physikalisch-chemische Stabilität der zubereiteten Wirkstoffinfusion für maximal 72 Stunden (bei zwei bis acht Grad Celsius) nachgewiesen. Außerdem, so die Fachinformation, dürfe jede Packung nur zur Einmalanwendung gebraucht werden.

Als ich von Polivy® hörte, wurde mir sofort klar, welche Menge an Verwurf sich bei der einzig erwerbbaren Packungsgröße ergeben könnte. Ich rechnete einige Beispiele durch und kam zu dem Ergebnis, dass beispielsweise mit einer 100-Milligramm-Packung und einer 10-Milligramm-Packung die Verwurfskosten, die ansonsten schon mal in den fünfstelligen Eurobereich gehen konnten, deutlich zu reduzieren wären. In Zahlen ausgedrückt: Die Summe der Bruttokosten für die möglichen Verwürfe könnte bei meinen Beispielen um fast 95 Prozent gesenkt werden.

Im Verzicht auf unterschiedliche Packungsgrößen musste ich die reine Profitgier des Herstellers vermuten, eine dreiste Abzocke, schrieb genau das, ergänzt durch Beispielrechnungen in einen Gastkommentar in der *Deutschen Apotheker Zeitung*. Es vergingen kaum ein paar Tage und Roche zeigte sich empfindlich getroffen, fast reuig: Man sei sich der Thematik bewusst, dass »aufgrund der körpergewichtsabhängigen Dosierung von Polivy® ... je nach Patientengewicht zum Teil erhebliche Restmengen anfallen, die nicht genutzt werden können«. Das wolle man künftig ändern.

In einer Stellungnahme kündigte der Konzern an, weitere und kleinere Polivy®-Packungen auf den Markt zu bringen. Und versprach als Bonbon zusätzlich: »Bereits frühzeitig haben wir als Unternehmen entschieden, für die Krankenkassen einen Ausgleich zu schaffen: Wir bieten bis zur Verfügbarkeit der kleineren Handelsform eine Teilrückerstattung an.«

Für mich ein kleiner Sieg, der aber auch zeigt: Ich habe sie bei einem Spiel erwischt, das sie so – oder in der Art – immer wieder spielen werden. Tricksen mit der Packungsgröße und den Haltbarkeitsangaben, den Verwurf wissentlich in Kauf nehmen – und alle anderen zahlen lassen. Bleibt zu hoffen, dass zumindest in diesem Fall die angekündigten Reaktionen tatsächlich umgesetzt werden. Angesichts der jahrelangen Vorbereitungszeit bis zur Markteinführung eines neuen Medikaments hätte man allerdings auch schon im Vorfeld entsprechend handeln können ...

WIE KÖNNEN VERWÜRFE REDUZIERT WERDEN?
1. *Durch entsprechend gewählte Packungsgrößen (mindestens zwei), die es den zubereitenden Apotheken ermöglichen, die patientenindividuelle Dosierung mit möglichst wenig Aufwand und Verwurf herzustellen. Dazu kann man die statistische Verteilungskurve des Bevölkerungsgewichtes heranziehen und mathematisch die optimale Anpassung an den Kurvenverlauf (und nicht an den Mittelwert!)*

berechnen. Eine Packung muss groß genug sein, um nicht zu viele Zubereitungsschritte (und damit Zeit) erforderlich zu machen, und eine kleine Packung sollte der Feinjustierung dienen, also eine möglichst genaue Annäherung an die Wirkstoffmenge erlauben, die der Patient benötigt.

2. *Die physikalisch-chemische Stabilität eines Wirkstoffes sollte über einen Zeitraum bestimmt werden, der mindestens 28 Tagen entspricht. Nach diesen Ergebnissen sollte sich die mögliche Haltbarkeit einer unter aseptischen Bedingungen hergestellten und korrekt gelagerten Infusion maximal definieren. Würde dies bereits bei der Zulassung (freiwillig oder wahrscheinlich besser durch gesetzliche Vorgaben) geschehen, wäre es nicht notwendig, später (nach oder unmittelbar vor der Zulassung der entsprechenden Biosimilarkonkurrenz) die Haltbarkeiten drastisch zu verlängern. Hier hat sich wieder die Firma Roche dadurch hervorgetan, dass sie für Herceptin® und bereits vorsorglich für Avastin® die Haltbarkeiten von zunächst jahrelang 24/48 Stunden auf nun gut 30 Tage in den jeweiligen Fachinformationen verlängert hat – jeweils um den Zeitpunkt des Patentablaufes herum und nachdem über viele Jahre teure Verwürfe abgerechnet werden mussten.*

3. *Der pauschale Hinweis auf die Einmalanwendung einer Packung sollte für die aseptische Herstellung ersatzlos aus jeder Fachinformation gestrichen werden.*

Vermutungen, keine Gewissheiten

Womit wir bei der Haltbarkeit von Arzneimitteln wären, oder genauer gesagt bei dem Umstand, dass mit Haltbarkeiten ein waghalsiges Spiel gespielt wird – für das keiner die Verantwortung übernimmt, sollte es mal ernst werden. Wobei, es gibt doch jemanden, der Verantwortung übernehmen muss und der im schlimmsten Fall auch in Haftung genommen wird: der zubereitende Apotheker, die zubereitende Apothekerin. Die müssen für die Sorglosigkeit von Herstellern und Gesetzgebern geradestehen – als eingetragener Kaufmann letztlich sogar mit dem Privatvermögen.

Ob ein Medikament noch haltbar ist oder nicht, ob es bis Monatsende zu verbrauchen ist oder in wenigen Stunden – Patienten wissen nichts von alldem. Und das oft aus einfachen Gründen. Jeder, der ernsthaft krank ist, kann und mag nicht auch noch darauf achten, ob seine Infusion noch haltbar ist oder länger haltbar wäre. Er vertraut aus gutem Grund seinem behandelnden Arzt oder Apotheker. Er sollte nicht enttäuscht werden.

Im Kern geht es jedoch um eine Frage, die aktuell keiner der Fachleute sicher beantworten kann: Wie lange ist ein Medikament tatsächlich haltbar?

Dass es in Deutschland im 21. Jahrhundert keine verlässlichen Angaben zur Haltbarkeit eines Medikaments gibt, ist schwer zu glauben. Und doch besteht bei der Angabe von Haltbarkeiten einzelner Lösungen eine zum Teil deutliche Diskrepanz zwischen den Angaben des Herstellers, einer Vielzahl von Publikationen und den komplexen Abrechnungsregeln der »Hilfstaxe«.

DIE HILFSTAXE

- *Die Hilfstaxe, genauer deren Anlage 3, ist eine Vereinbarung zwischen dem GKV-Spitzenverband der gesetzlichen Krankenkassen GKV und dem DAV zur Regelung der Preisbildung für parenterale Lösungen. Darin enthalten sind auch klare Regelungen zu den unvermeidlichen Verwürfen und Angaben zu Zeitspannen, in denen ein derartiger Verwurf maximal einmal abgerechnet werden kann.*

Auf die »Hilfstaxe« hatten sich die gesetzlichen Krankenkassen und der Deutsche Apothekerverband (DAV) erstmals im Herbst 2009 geeinigt, sie regelte die milligrammgenaue Abrechnung und wurde seit dieser Zeit mehrmals modifiziert. Für die Restmengen, die kassenübergreifend nicht mehr weiterverarbeitungsfähig sind, wurde der Begriff des »unvermeidlichen Verwurfes« eingeführt. Nur dieser darf mit der letzten Zubereitung bei der Krankenkasse des dann zufällig betroffenen Versicherten abgerechnet werden. In der Hilfstaxe schien alles, inklusive einer Auskunftspflicht für die abrechnenden Apotheken, auf höchster Ebene eindeutig geregelt. Es wird gespart und der Patient hat keinen Nachteil.

Medikamente sind länger haltbar als angegeben

In der Praxis ergibt sich ein anderes Bild: Manche Krankenkassen gehen davon aus, dass Wirkstoffe länger haltbar sind als die vereinbarten Zeitspannen in der Hilfstaxe, die ihrerseits auf den Herstellerangaben der Fachinformationen beruhen. Sie gehen davon aus, dass Restmengen länger verwendet werden können. Sie gehen davon aus – diese Formulierung ist wichtig, denn das heißt: Sie wissen es nicht.

Manche Krankenkassen, wie die AOK Bayern, gehen dennoch einen Schritt weiter: Sie orientieren sich strikt an den Angaben zu verlängerten Haltbarkeiten aus Sekundär- und Tertiärliteratur, die sie weder überprüfen noch für rechtlich verbindlich erklären können – und wollen. Das hat Folgen: Wenn beispielsweise die AOK Bayern der Meinung ist, dass bestimmte Wirkstoffe länger als in der Fachinformation angegeben haltbar sind, zahlt sie den abrechnenden Apotheken die unvermeidlichen Verwürfe einfach nicht. Und dass die AOK Bayern genau dieser Meinung ist, und dann eben auch nicht zahlt, habe ich mehr als einmal erlebt.

Das Nachsehen hat die Apotheke, die das Medikament korrekt zubereitet. Sie bekommt kein Geld für den unvermeidlichen Verwurf. Obwohl sie sich korrekt im Sinne des Gesetzgebers verhält und verbindliche Fachinformationen zurate zieht, entsteht der Apotheke ein finanzieller Schaden. Sie kann sich nun entweder dem Druck der Krankenkassen beugen und verfallene Arzneimittel weiterverwenden (möglicherweise zum Schaden des ahnungslosen Patienten) oder vor das Sozialgericht ziehen und auf Herausgabe der einbehaltenen Zahlungen für die unvermeidlichen Verwürfe klagen. Diese Verfahren dauern in der Regel mehrere Jahre. Dass es der Kasse dabei nur ums Finanzielle geht, zeigt deren selbst erlebtes Verhalten nach einer verlorenen Instanz. Schnell wird ein dreister Vergleich angeboten, natürlich 50:50. Wer verliert hier eigentlich?

Hersteller geben sich arglos

Eine präzise Auskunft über die Haltbarkeit könnte der Hersteller geben. Der sollte es wissen. Er ist ja der Hersteller. Da die Hersteller aber weder verpflichtet sind, noch es in ihrem Interesse liegt, genaue (meist längere) Haltbarkeiten ihres Wirkstoffes unter Anwendungsbedingungen zu ermitteln, beschränken sich deren Angaben vielfach auf das Nötigste oder bleiben vage. Oder sie geben sich arglos, verweisen auf ihre eigenen Fachinformationen, wo häufig eine kurze Haltbarkeit angegeben wird. Tatsächlich ist das Medikament vielleicht viel länger haltbar, oft mehrere Wochen. Angegeben werden aber beispielsweise pauschal: 24 Stunden. Und nur dafür haftet der Hersteller: für diese 24 Stunden.

Dabei ist es ein offenes Geheimnis, dass viele Wirkstoffe mehrere Wochen ihre physikalisch-chemische Stabilität und ihre biologische Aktivität behalten. Nur findet sich diese Information nirgends verbindlich. Sie dient zwar gelegentlich als Verkaufsargument, allerdings nur mündlich, »unter der Hand«, nicht offiziell. Selbst wenn sonst Änderungen an der Fachinformation des Präparates vorgenommen werden, bleiben die Haltbarkeitsangaben für Wirkstoffe während der Patentlaufzeit (und damit ohne Mitbewerber) meist unverändert kurzfristig. Bei Antikörpern sind dies in aller Regel 24 Stunden. Mehr würde nicht gemessen. Deshalb sei die physikalisch-chemische Stabilität auch nur für diesen Zeitraum und unter aseptischen Bedingungen sichergestellt, so die Auskunft von Herstellern.

Sobald aber der Patentschutz abgelaufen ist und inhaltsgleiche Konkurrenzpräparate zugelassen werden und im Markt erscheinen, verlängern sich manchmal »wie von Geisterhand« Haltbarkeiten. Hintergrund: Die Länge der Haltbarkeit wird unter Konkurrenzdruck zum Verkaufsargument. Plötzlich werden in Einzelfällen aus 24 Stunden 30 Tage. Aber auch diese Daten tauchen nicht immer sofort in der Fachinformation auf. Man erfährt es nur auf Anfrage und inoffiziell. Wären die Daten offiziell, müsste der Hersteller für die angegebene Haltbarkeit haften. Werden aber die inoffiziellen Daten verwendet, übernimmt die herstellende Apotheke die Haftung für Wirksamkeit und Unbedenklichkeit des Arzneimittels, was sie aber eigentlich seriös nicht kann. Der Hersteller ist in diesen Fällen raus und trägt keine Verantwortung mehr.

Offiziell haftet einzig und allein die herstellende Apotheke.

Auch davon weiß der Patient natürlich nichts, er muss im Grunde auch nicht wissen, wie stabil und wie haltbar die Bestandteile einer Infusionslösung sind. Er sollte allerdings darauf vertrauen können, dass im System die korrekte Verarbeitung kontrolliert wird. Doch in der Realität läuft vieles unkontrolliert, willkürlich und ohne funktionierende Kontrollinstanzen ab. Ohne es zu wissen, trägt der Patient das dadurch erhöhte gesundheitliche Risiko letztlich selbst.

Wären die Patienten dagegen aufgeklärt, wie viele von ihnen ließen sich beispielsweise eine nach Herstellerangaben acht Stunden haltbare Infusion verabreichen, wissend, dass die Stammlösung bereits vor 21 Tagen zubereitet wurde? Abgesehen davon, dass jeder vor Verabreichung einer solchen Lösung über das erhöhte Risiko aufgeklärt werden müsste. Wer aber sollte das tun? Eine mögliche Gesundheitsgefährdung durch unbrauchbare Wirkstoffe ankündigen und mitverantworten?

Was kann noch zu Qualitätsverlusten führen?

Wirksamkeit geht allerdings nicht nur verloren, wenn Haltbarkeiten überschritten werden, sondern auch, wenn äußere Einflüsse empfindliche Wirkstoffe beeinträchtigen. Eigentlich müsste im Interesse der Patienten alles dafür getan werden, die wohnortnahe Versorgung zu stärken – und vor allem sicher zu gestalten.

In den letzten Jahren ist viel geschehen, um den Prozess der Zubereitung von Zytostatika zu optimieren. So wurde eine neue Apothekenbetriebsordnung in Kraft gesetzt, es wurden Reinraumlabore gebaut und der Personen- und Produktschutz wurde erhöht. Inzwischen kann man sagen, der gesamte Prozess der Zubereitung ist mehr als ausreichend geregelt und wird gut kontrolliert. Trotzdem gibt es Fehler im System, die die Patientengesundheit unnötig gefährden können – nicht nur der kaum zu verantwortende Umgang mit den verlängerten Haltbarkeiten der hergestellten Produkte, die in vielen Fällen trotz aller Willkür wie selbstverständlich auf den Etiketten angegeben werden. Sicher ist: Sicher ist die Versorgung bisher nicht.

Die Sicherheitslücke klafft zwischen Herstellung und Verabreichung der Infusion. Sie hat eine zeitliche Dimension im Hinblick auf Haltbarkeit, und sie hat eine räumliche Dimension im Hinblick auf den Transport. Beides sind Sicherheitsrisiken, von denen aber weder das eine noch das andere kontrolliert wird. Die Beteiligten arbeiten so, dass es für sie passt – logistisch, aber auch finanziell. Sie spielen das Medikamenten-Monopoly.

Strohapotheken der Medikamentenherstellung

Unkorrekte Etiketten sind aber nur ein Glied in einer langen Kette von Sicherheitslücken: Niemand kontrolliert den weiteren Weg der hergestellten Infusionsbeutel. Wie lange werden sie aufbewahrt? Wie lange, über welche Wege und wie oft werden die Beutel transportiert? Sind die zum Teil sehr empfindlichen Wirkstoffe nach dem Transport überhaupt noch (voll) wirksam?

In dem gesamten Bereich zwischen Herstellung und Anwendung bleibt der Umgang mit den Infusionsbeuteln den Beteiligten samt ihren wirtschaftlichen Zwängen überlassen – mit unabsehbaren Folgen für die Qualität der Behandlung und damit für den Patienten.

So hat sich über die Jahre eine neue Spezies von Apotheken entwickelt, die im Nebengeschäft als »Strohapotheke« fungiert und zwar Zytostatika-Infusionen abrechnet, aber diese, mangels eines Reinraumlabors, nicht selbst herstellen kann.

Im Januar 2017 haben laut einer internen Auswertung der Verrechnungsstelle der Süddeutschen Apotheken (VSA) von 135 abrechnenden Apotheken 79, also 60 Prozent angegeben, nicht selbst herzustellen. Tendenz steigend. Die Subunternehmer dieser Apotheken, auch »Compounder« genannt, sind meist Rezepturherstellbetriebe wie beispielsweise Zytoservice in Hamburg, deren Handeln in Spiel acht Thema sein wird. Diese Compounder sind oft von Finanzinvestoren fremdfinanziert und schon deshalb gewinnorientiert. Sie sind die treibenden Kräfte hinter diesen Konstrukten, die an sich legal sind, aber vom Gesetzgeber nicht so gedacht waren. Eigentlich sollte jede Apotheke in die Lage versetzt werden, ein vorliegendes Rezept über eine zuzubereitende Krebsinfusion beliefern zu können – beispielsweise unter Inanspruchnahme eines Rezepturherstellbetriebes. Nur: Normalerweise arbeitet eine onkologische Praxis mit einer zubereitenden Apotheke zusammen und kein einziges Rezept über eine Krebsinfusion landet zufällig in einer Apotheke ohne Reinraum. Doch bei Rezepturherstellbetrieben erweist sich allein der Standort oft schon als Problem. Denn empfindliche Arzneistoffe in Infusionslösungen können an Wirkung verlieren, sobald sie zu lange unterwegs sind.

Kurze Wege schützen den Wirkstoff

Ausgelöst werden Wirkverluste in Infusionslösungen unter anderem durch Kollisionen mit anderen Proteinmolekülen, durch Lichtzufuhr, durch Luftexposition, aber auch durch Schütteln oder Mischen, also mechanischen Stress. Wie bereits erwähnt, reichen gerade bei den empfindlichen Antikörpern geringe Kräfte. Und so sind lange Transportwege eine große Gefahr. Transporte zum Beispiel von Hamburg nach München gefährden den Wirkstoff – und damit die Versorgung und die Gesundheit der Patienten. Manche Fachinformationen werden da inzwischen sehr deutlich: Bei dem bereits erwähnten Polivy® gibt die Fachinformation beispielsweise an, dass fertige Infusionslösungen nicht transportiert werden dürfen. Deshalb, und nicht nur wegen der oft sehr kurzen Haltbarkeiten, sollte die Herstellung der Infusionen möglichst in der Nähe der behandelnden Praxis stattfinden. Wie sollen Rezepturherstellbetriebe diese Vorgabe einhalten?

Kurze Entfernungen zwischen behandelnder Praxis und herstellender Apotheke schützen nicht nur den Wirkstoff, sondern ermöglichen eine schnelle Reaktion auf den Gesundheitszustand des Patienten. Der Onkologe kann den Patienten in Augenschein nehmen, Blutwerte bestimmen und erst dann entscheiden, ob und in welcher exakten Dosierung dieser seine Chemotherapie erhält. Auch dieser Vorteil einer sogenannten Ad-hoc-Herstellung kann von räumlich weit entfernten Rezepturherstellbetrieben nicht geleistet werden. Denn Ad-hoc heißt: »zur unmittelbaren Abgabe«.

Also zeitnah, ortsnah, und mit so wenig Transportaufwand wie möglich. Alles nicht einzuhalten, wenn der Compounder in Hamburg sitzt und die abgebende Apotheke in München. Da sind Verwurf und Wirkverluste vorprogrammiert. Alle diese Themen rund um die Qualität der Infusionen für Krebspatienten sind seit Langem bekannt und wurden mit Gesundheitspolitikern und mit hochrangigen Vertretern der AOK Bayern besprochen. Verschiedene Sozialgerichtsprozesse laufen seit Jahren.

In der Höhle des Löwen

Aber selbst konstruktive Lösungsvorschläge werden bisher einfach ignoriert.

Vor einiger Zeit hatte ich die Gelegenheit, sozusagen an hoher Stelle ein Vieraugengespräch zu führen, das sich ungefähr so abgespielt hat: Ich kam mit vier großen Ordnern voller Unterlagen, verpackt in zwei Stofftaschen mit Logoaufdruck meiner Apotheke zum Termin und wurde pünktlich zum stellvertretenden Chef der AOK Bayern vorgelassen. Wir begrüßten uns freundlich und ich erklärte auf seinen fragenden Blick hin, dass ich meine Prozessunterlagen gegen die AOK Bayern der letzten fünf Jahre mitgebracht hätte, in der Hoffnung, mit ihm im Gespräch zu einer vernünftigen Lösung der Angelegenheit zu kommen.

Ich hatte bereits zwei Aufsichtsbeschwerden beim Bayerischen Gesundheitsministerium gegen die AOK Bayern eingereicht und mehrere Artikel veröffentlicht, die nicht alle AOK-freundlich waren. Also musste ich davon ausgehen, dass man sich über meine Person informiert hatte. Den laufenden Prozess hatte ich zwar noch lange nicht gewonnen, aber so ganz ausgeschlossen war zu diesem Zeitpunkt ein Erfolg auch nicht mehr. Das Grundproblem gewann zunehmend an Relevanz. Jedenfalls war ich in AOK-Kreisen kein Unbekannter mehr.

Es ging mir um die ungelöste Verwurfsfrage, zu der die AOK einen aus meiner Sicht recht eigenwilligen Standpunkt einnahm: einfach nicht bezahlen, trotz korrekter Abrechnung und gesetzeskonformer Entsorgung der verfallenen Restmengen. Er seinerseits machte mich freundlich darauf aufmerksam, dass wenn sie den Prozess gewinnen würden, sich alle anderen Kassen an der AOK Bayern und ihrem Umgang mit der Verwurfsfrage orientieren würden.

Sie würden zwar den Prozess nicht gewinnen, aber ich betonte, dass es mir bei der ganzen Angelegenheit nicht ums Rechtbekommen an sich ginge, sondern um die Herstellung von Rechtssicherheit und Arzneimittelsicherheit, was beides auch im Interesse des Patienten liege. Wohingegen, so mein Einwand, es der AOK deutlich um finanzielle Belange ginge, da nicht anders zu erklären sei, weshalb sie sonst eine eindeutige Regelung wie die Hilfstaxe angriffen. Die Hilfstaxe in Verbindung mit den Fachinformationen liefert eindeutige Vorgaben zu Haltbarkeiten und unvermeidlichen Verwürfen, wohingegen die AOK wollte, dass man sich die Haltbarkeitsangaben aus unterschiedlich seriösen, schwer zu beurteilenden Quellen zusammensucht. Jeder hätte dann seine eigene Haltbarkeit. Wie daraus eine verbindliche Klärung entstehen kann, die mein Gesprächspartner als ernsthafte Absicht für seine Kasse reklamierte, war mir nicht klar.

Dass es bei manchen Wirkstoffen sehr unterschiedliche Angaben zu den Haltbarkeiten der Wirkstoffe gebe, gestand ich ihm als Einwand offen zu, es bleibt aber das Problem, dass weder die Kasse noch der Apotheker die einzelnen Untersuchungen wirklich bewerten kann, abgesehen davon, dass der Hersteller aus seiner Haftung für Wirksamkeit und Unbedenklichkeit entlassen wird, sobald seine rechtlich verbindlichen Haltbarkeitsangeben in der Fachinformation überschritten werden, was nun wirklich niemand wollen kann. Ich für meinen Teil als Apotheker kann und will bei einer Rezeptur nur für eine einwandfreie und sorgfältige Herstellung die Haftung übernehmen, nicht aber für Wirksamkeit und Unbedenklichkeit. Bei Antikörpern kann diese sowieso nur der Hersteller bestimmen. Alle Produktspezifikationen sind geheim. Nur die Europäische Arzneimittel-Agentur und der Zulassungsinhaber, sprich der pharmazeutische Unternehmer, kennen diese. Eine aussagekräftige Prüfung durch Dritte ist praktisch nahezu unmöglich.

Bleibt, so meine weitere Argumentation, das gemeinsame Interesse. Die Kasse will, dass weniger Verwürfe abgerechnet werden, und die Apotheker wollen rechtskonform herstellen. Also wäre es doch vernünftig, gemeinsam auf die Hersteller einzuwirken, damit diese ihre Haltbarkeitsangaben aktualisieren. Sollte es wirklich begründete Hinweise auf zu niedrige Angaben in den Fachinformationen geben – und die Kasse behauptet das ja –, könnten die Hersteller unter Hinweis auf ihre im Arzneimittelgesetz verankerte Aktualisierungspflicht aufgefordert werden, ihre Angaben zu überprüfen und gegebenenfalls die Fachinformationen anzupassen.

Und auch der Gesetzgeber müsste aktiv werden, indem er für die Zulassung längere Untersuchungen, beispielsweise über vier Wochen, vorschreiben würde. Damit wäre die ganze Geschichte erledigt.

Und da war der Zeitpunkt gekommen, an dem sich die große AOK Bayern plötzlich ganz klein machte. Den laufenden Prozess zu beschleunigen und zu einem schnellen Ende zu führen, ja, das sei vielleicht gerade noch denkbar, da ließe sich möglicherweise Einfluss nehmen.

Hätte ich vor dem Gespräch über dessen Verlauf eine Wette abschließen müssen, ich hätte genau auf diese Variante gesetzt. Die Überlegungen sind klar: Lege dich nicht mit größeren Gegnern an, man weiß nie, ob und wie das auf einen selbst zurückfällt. Dann schon lieber Prozesse gegen kleine Apotheken führen und unterdessen deren Geld einbehalten. Wenn es juristisch eng werden sollte, kann man sich mit ihnen noch immer außergerichtlich leicht vergleichen. Hier ist man klar der mächtigere Partner. Ganz nach der ehernen Regel: Nach oben buckeln, nach unten treten.

Genau aus diesem Grund habe ich seit einiger Zeit den Weg in die Öffentlichkeit gesucht: Nur so besteht zumindest die Chance, den Teufelskreis der Abhängigkeiten zu durchbrechen und zu verhindern, dass weiterhin der ahnungslose Patient auf der Strecke bleibt.

Als ich mit meinen vier Ordnern wieder in der U-Bahn stand, den restlichen Smalltalk unbeschadet und freundlich hinter mich gebracht hatte, wusste ich, dass nur der lange Weg über die Öffentlichkeit Änderungen bewirken kann. Schließlich kann jeder selbst Betroffener sein, und wer wollte schon gerne verfallene, möglicherweise nicht mehr voll wirksame Arzneimittel verabreicht bekommen? Wie mobilisiert man aber möglichst viele Leute? Wie schafft man eine breite Öffentlichkeit? Ein Zeitungsartikel oder eine Fernsehsendung werden nicht ausreichen. All diese kurzfristigen Effekte genügen nicht. Das gesamte System ist viel zu träge, um noch auf einen Skandal zu reagieren.

Spiel Drei

Kontrolle

➡ **Ins Gesetz kommt, was die Lobby okay findet.**

➡ **Deutsche Maßnahmen verpuffen im weltweiten Wirkstoffmarkt.**

➡ **Kontrolliert wird nach Aktenlage.**

DER FALL ERSCHÜTTERTE 2017 GANZ DEUTSCHLAND. Ein Apotheker hatte über Jahre hinweg Krebspatienten teilweise gefälschte Medikamente verkauft. Die Infusionsbeutel eines Bottroper Apothekers waren unterdosiert oder ganz ohne Wirkstoff hergestellt worden. Vermutlich hat der Mann Tausende Patientinnen und Patienten schwer geschädigt. Manche sind inzwischen verstorben, manche wunderten sich nur, warum die erwarteten Nebenwirkungen der Chemotherapie ausblieben.

Das Problem war: Man konnte dem Apotheker nie genau nachweisen, welche Patienten welche Art von Zubereitungen bekommen haben, korrekt oder nicht. Insgesamt soll er mehr als 14 000 Infusionsbeutel gefälscht und bei den Krankenkassen ungefähr 17 Millionen Euro betrügerisch abgerechnet haben. Das Landgericht Essen sprach ihn 2018 wegen Verstoßes gegen das Arzneimittelgesetz und Betrugs schuldig. Seine Strafe betrug zwölf Jahre Gefängnis.

»Bottrop« gilt als der größte Skandal in der ambulanten Versorgung mit applikationsfertigen Zytostatika-Infusionen der vergangenen Jahre und wurde in den Medien entsprechend breit behandelt. Die betroffenen Patienten erhielten mutmaßlich jahrelang und unbemerkt wirkstoffreduzierte oder wirkstofffreie Zytostatika-Infusionen, die aber zum vollen erstattungsfähigen Preis abgerechnet wurden. Sie halfen nicht, kosteten aber den vollen Preis.

Abgesehen davon, wie widerwärtig es ist, Menschen mit lebensbedrohlichen Erkrankungen zu hintergehen und zu schädigen, konnte ein Einzelner offenbar seine Habgier ungehindert ausleben, sich bereichern und sogar nach außen als regionaler Wohltäter auftreten. Offenbar gab es Rahmenbedingungen, die das kriminelle Vorgehen des Bottroper Apothekers begünstigt haben. Offenbar wurde auch entsprechenden Hinweisen nicht nachgegangen. Und ganz offenbar haben Aufsichtsbehörden weg- oder zumindest nicht so genau hingeschaut. Das hat leider eine lange Tradition.

Warum hat man immer wieder das Gefühl, dass Behörden erst dann arbeiten, wenn das sprichwörtliche Kind in den Brunnen gefallen ist? Warum befürchtet man dann regelmäßig, dass die getroffenen Maßnahmen, die verabschiedeten Gesetze zu kurz gegriffen sind? Warum verschwindet der Eindruck nie, dass der Einfluss der jeweils stärksten Lobby sich maßgeblich darin niederschlägt?

Für Außenstehende ist das nur schwer nachzuvollziehen. Verfolgt man die Nachrichten oder liest die Beiträge in Tageszeitungen, hat man den Eindruck, es würde ständig an mehr Sicherheit für unsere Arzneimittel gearbeitet. Hier wird ein Gesetzentwurf eingereicht, da werden mehr Kontrollen durchgeführt und permanent verkündet der zuständige Minister neue Fortschritte. Was aber wirklich abläuft, ist das Medikamenten-Monopoly.

Wenn der Omnibus ins Rollen kommt

Doch lassen Sie uns einmal gemeinsam beispielhaft das Werden eines Gesetzes verfolgen, das den wohlklingenden Namen Gesetz für mehr Sicherheit in der Arzneimittelversorgung (GSAV) hat. Begonnen hat alles im November 2018, als der erste Referentenentwurf veröffentlicht wurde.

Das Gesetz war ein sogenanntes Omnibusgesetz, das heißt, es wurden viele einzelne Vorhaben in einem Gesetz zusammengefasst. Das beschleunigt auf der einen Seite gesetzliche Änderungen, da viele Verfahren zusammengepackt werden, führt aber auch dazu, dass die parlamentarische Zustimmung nur noch in ganz gravierenden Fällen verweigert werden kann. Wer hält schon wegen ein, zwei Bedenken einen ganzen Omnibus auf? In unserem Fall waren auch die Länder, etwa im Bereich der Arzneimittelüberwachung unmittelbar betroffen. Deshalb musste der Bundesrat dem Vorhaben zustimmen, der in der gleichen Zwickmühle wie der einzelne Abgeordnete saß.

Wie jede Gesetzesnovelle der vergangenen Jahre diente auch diese vor allem den Einsparungen bei Krankenkassen. Daneben sollte mit dem Gesetz auf die Arzneimittelskandale der letzten Zeit reagiert werden. Neben dem Fall des Heilpraktikers im nordrhein-westfälischen Brüggen-Bracht, der 2016 eine bestehende Gesetzeslücke ausnutzend selbst Medikamente angerührt hatte, durch die drei von ihm behandelte Krebspatienten zu Tode kamen, ging es auch um den Brandenburger Arzneimittelhändler Lunapharm, einem Parallelimporteur, der jahrelang auf illegalem Wege Zytostatika nach Deutschland importiert hatte und 2018 aufflog. Ebenfalls im Sommer 2018 wurde bekannt, dass in Valsartan, einem Wirkstoff gegen Bluthochdruck, der überwiegend in China hergestellt worden war, produktionsbedingt krebserregende Nitrosamine enthalten waren.

Viele Besuche der Lobby

Selbstredend sollte sich auch ein Fall wie der eines Zyto-Apothekers in Bottrop nicht wiederholen. Der Referentenentwurf beinhaltete als Reaktion darauf hauptsächlich zwei Maßnahmen: Es sollte häufigere unangemeldete Kontrollen der herstellenden Apotheken (inklusive Probenziehung und Analyse des Wirkstoffgehaltes) geben und es wurde eine komplette Umgestaltung des Honorierungssystems für parenterale Zubereitungen samt Preisbildungssystem angestrebt. Zudem sollte wegen Lunapharm die Importförderklausel geändert werden.

Allein diese keineswegs vollständige Auflistung der Inhalte dieses Gesetzesvorhabens macht deutlich, dass im Hintergrund viele Diskussionen und viele Besuche von Lobbyisten, Verbands- und Industrievertretern stattgefunden haben dürften, deren Einfluss im Einzelnen nur schwer nachweisbar ist.

Interessant ist nun die Frage, wie die geplanten Reaktionen auf die genannten Skandale konkret aussahen und vor allem was davon beim Inkrafttreten des Gesetzes am 16. August 2019 noch vorhanden war. Vielleicht noch interessanter ist, zu fragen, was sehr schnell wieder fallen gelassen wurde.

Was sich als zu komplex, zu teuer erwies. Was erst gar nicht ins Gesetz kam.

Was tatsächlich in Gänze umgesetzt wurde, war die Einführung einer Erlaubnispflicht für die Herstellung von verschreibungspflichtigen Arzneimitteln durch Angehörige nicht ärztlicher Heilberufe. Das zielte auf Heilpraktiker wie jenen im nordrhein-westfälischen Brüggen-Bracht, der sich zum Krebsheiler berufen fühlte und drei Menschen auf dem Gewissen hat. Warum der Gesetzgeber so rigide gehandelt hat? Erstens: Weil es nötig war. Und zweitens: Heilpraktiker haben zwar einen gewissen Einfluss auf hilfesuchende Patienten, sie haben jedoch im politischen Berlin nur eine ganz schwache Lobby. Im Gegensatz zu den Top-Playern im Gesundheitswesen.

Chronik des Abschmetterns, Teil 1: Parenterale Zubereitungen

An eine Neuregelung des Honorierungssystems für parenterale Zubereitungen traute man sich schon mal nicht. Zu komplex. Zu viele Widerstände. Sache der Sozialpartner, mit denen man sich nicht anlegen wollte.

Die Kontrollen hingegen konnten in der Öffentlichkeit als sinnvolle Reaktion auf Bottrop verkauft werden und blieben deshalb im Gesetz. Zwar waren auch vorher unangemeldete Kontrollen möglich, aber nun wurde »bei Verdacht« eine Musterziehung vorgegeben, das war etwas präziser formuliert als bisher. Die Behörden durften nun explizit hergestellte Infusionen konfiszieren und diese auf ihren korrekten Wirkstoffgehalt hin untersuchen. Wie oft es zu Kontrollen kommt, regelt weiterhin die jeweilige Landesbehörde. Ob allerdings stichprobenartige Kontrollen, die bereits im Vorfeld von Bottrop nicht wirklich funktionierten, jetzt bei der hier vorliegenden patientenindividuellen Produktion besser greifen, sei dahingestellt. Schließlich kann, eine entsprechende kriminelle Energie vorausgesetzt, immer wieder die eine oder andere Infusion mit weniger oder gar keinem Wirkstoff ausgeliefert werden. Vergleiche der Einkaufs- und Abrechnungsmengen sind in der Praxis schwierig bis unmöglich.

Es gibt immer wieder Unter- und Überfüllungen der Arzneimittel-Vials (Fläschchen), und es gibt Verwurf. Zudem kann der Wirkstoffgehalt jeder einzelnen Infusion analytisch nicht kontrolliert werden, die Infusion gibt es nur einmal, sie ist individuell zubereitet. Und von außen sehen kann man den Wirkstoff nur in den wenigsten Fällen. Das Ganze ist und bleibt eine Vertrauenssache. Das heißt: Mehr Sicherheit durch Kontrollen ist relativ.

Keine Kontrolle der Transporte

Im Windschatten des Bottroper Skandals gab und gibt es jedoch bei der Versorgung mit Infusionen einige eklatante Sicherheitslücken, die erst gar nicht im neuen Gesetz auftauchten. Wir erinnern uns:

- unnötige Transportwege der applikationsfertigen Infusionslösungen bei gegen mechanischen Stress empfindlichen Wirkstoffen (zum Beispiel Antikörper)
- einseitige, über die Angaben der Fachinformation hinausgehende Haltbarkeitsverlängerungen bei Wirkstoffen, die ohne Kenntnis der betroffenen Patienten den Hersteller aus seiner Haftung für Wirksamkeit und Unbedenklichkeit entlassen
- abrechnende Apotheken, die über keinen Reinraum verfügen usw.

DIE KONSEQUENZEN IM GSAV:
- *Die Häufigkeit von unangemeldeten Inspektionen wird erhöht. Regelbeispiele für Fälle, in denen unangemeldete Inspektionen durchzuführen sind, werden klarer definiert.*
- *Das Einsichtnahmerecht der mit der Überwachung beauftragten Person in Abrechnungsunterlagen wurde ergänzt, um einen Abgleich zwischen Wareneingang und Warenausgang vornehmen zu können.*
- *Erhöhung der Kontrolldichte und Regelbeispiele für unangemeldete Inspektionen bei Apotheken, die patientenindividuelle Arzneimittel zur parenteralen Anwendung herstellen und bei Betrieben, die diese für Apotheken herstellen.*

Hier gibt es offensichtlich auch nach dem GSAV kein Mehr an Sicherheit in der Arzneimittelversorgung. Obwohl es, guten Willen vorausgesetzt, möglich gewesen wäre. Das gilt im Prinzip auch für die Folgen des Lunapharm-Skandals.

Chronik des Abschmetterns, Teil 2: Parallelimporteure

Parallelimport bedeutet, dass ein Arzneimittelimporteur ein auch in Deutschland zugelassenes Arzneimittel in einem anderen EU-Mitgliedsstaat oder in einem Staat des Europäischen Wirtschaftsraums einkauft und nach Deutschland importiert. Dort bringt er es »parallel« zum »Original-Zulassungsinhaber« in den Verkehr. Hierfür benötigt der Parallelimporteur eine eigene Zulassung für das Parallelimport-Arzneimittel in Deutschland.

WIE WERDEN ARZNEIMITTEL ZUGELASSEN?

- *Gemäß § 21 in Verbindung mit § 73 AMG müssen Arzneimittel für ihre Verkehrsfähigkeit in Deutschland national zugelassen werden. Deshalb müssen auch Parallelimport-Arzneimittel, bevor sie vom Importeur in den Verkehr gebracht werden dürfen, in Deutschland zugelassen werden. Ausnahme: in der EU zentral zugelassene Arzneimittel (siehe Parallelvertrieb). Für Humanarzneimittel sind das Bundesinstitut für Arzneimittel und Medizinprodukte (BfArM) beziehungsweise das Paul-Ehrlich-Institut (PEI) (Impfstoffe, Seren und Blutprodukte) die zuständigen Behörden. Parallelimport-Arzneimittel durchlaufen ein sogenanntes vereinfachtes Zulassungsverfahren.*

Das übergeordnete, idealisierte Ziel des Parallelimportes besteht darin, dafür zu sorgen, dass Patienten und vor allem die Krankenkassen von Paralleleinfuhren profitieren können, ohne dass die Sicherheit der Patienten in irgendeiner Weise gefährdet werde, sagt die EU als Hüterin des freien Warenverkehrs. Es soll also gespart werden. In der Regel ist die Stückzahl an Arzneimitteln, die über den Parallelimport in Deutschland in Verkehr gebracht werden, nicht geeignet, um die Grundversorgung der Bevölkerung in Deutschland mit einem Arzneimittel dauerhaft sicherzustellen, sagt jedoch selbst das Paul-Ehrlich-Institut. Dafür entziehen die Parallelimporteure den Exportländern Teile von deren Grundversorgung an Arzneimitteln. Wir sparen und nehmen dafür mogliche Lieferengpässe in anderen Ländern in Kauf. Auch hier wird das Medikamenten-Monopoly gespielt.

Der Lunapharm-Skandal

Im Juli 2018 deckte das ARD-Magazin *Kontraste* den sogenannten Lunapharm-Skandal auf. In der Folgezeit wurde der Skandal um den mutmaßlichen Diebstahl und den illegalen Import von griechischen Arzneimitteln nach Deutschland durch die Firma Lunapharm detailliert aufgearbeitet. Im Besonderen der Taskforce-Bericht, den die ehemalige brandenburgische Gesundheitsministerin, Diana Golze, in Auftrag gegeben hatte, leistete hier gute Arbeit.

DIE TASKFORCE

- *hält eine Änderung des § 69 AMG für notwendig. Nach derzeit geltendem Recht kann zwar bei Anordnungen der zuständigen Behörde nach § 69 Abs.1 Nr. 2a AMG der sofortige Vollzug angeordnet werden. Es fehlt aber hier die Regelung, dass Widerspruch und/oder Anfechtungsklage keine aufschiebende Wirkung haben,*
- *befürwortet die Streichung des § 129 Absatz 1 Satz 1 Nr. 2 SGB V (Reimport-Quote) und spricht sich für entsprechende Änderungen des Rahmenvertrags der Spitzenverbände aus,*
- *empfiehlt die Überprüfung der Verbindlichkeit von Verfahrensanweisungen in der Überwachung des Verkehrs von Arzneimitteln,*
- *befürwortet ein Verbot des Parallelvertriebs von Arzneimitteln in der EU sowie der Vermittler- und Mitvertreibertätigkeit,*
- *regt an, ein Verbot des Parallelimportes von Arzneimitteln in die fachliche und politische Diskussion einzubringen.*

Eine Expertenkommission im Brandenburger Gesundheitsministerium hatte die Fehler und Versäumnisse zusammengetragen, penibel aufgelistet und entsprechende Empfehlungen für Verbesserungen an die jeweiligen Entscheidungsträger ausgesprochen. Die Aufsichtsbehörden hatten versagt, zu spät und dann unkoordiniert reagiert. Die Ablaufdetails waren mitunter sehr peinlich. Der Bericht empfahl aber auch, grundsätzlich das Geschäftsmodell der Parallelimporteure zu überdenken und gesetzliche Grundlagen, beispielsweise für die Importquote, zu ändern.

Bereits vor dem GSAV wurden in Brandenburg einige Forderungen des Taskforce-Berichtes nach Personal- und Ausstattungsaufstockungen beschlossen und einige Umstrukturierungen bei den Aufsichtsbehörden vor Ort umgesetzt. Mit dem GSAV sollten zudem einige Behördenzuständigkeiten auf Bundesebene übertragen werden, die insbesondere eine verbesserte Koordination bei Rückrufen bewirken sollten, was auch im Gesetz wie folgt umgesetzt wurde:

DIE KONSEQUENZEN IM GSAV:

- *Die Koordinierungsfunktion von BfArM beziehungsweise PEI wird gestärkt. Sie koordinieren Rückrufe auf Ebene der Bundesländer, sollen Versorgungsengpässe verhindern.*
- *Die Zusammenarbeit zwischen den Behörden von Bund und Ländern wird verbessert: Informationspflicht über Rückrufe, die zu einem Versorgungsmangel der Bevölkerung mit Arzneimitteln führen können.*
- *Die Rückrufkompetenzen der zuständigen Bundesoberbehörden werden erweitert: Bei nationalen und zentralen europäischen Zulassungen sind Rückrufe durch die Bundesoberbehörden grundsätzlich bei Qualitätsmängeln, negativem Nutzen-Risiko-Verhältnis oder bei Vorliegen des Verdachts einer Arzneimittelfälschung möglich.*
- *Die Überwachungsbefugnis der Landesbehörden von Betrieben und Einrichtungen, die der Arzneimittelüberwachung unterliegen, wird gestärkt. Die Befugnis zur Einsichtnahme in Unterlagen bezüglich der Wirkstoffe und anderer zur Arzneimittelherstellung bestimmter Stoffe wird klargestellt.*

- *Die Häufigkeit bestimmter Inspektionen wird erhöht. Regelbeispiele für Fälle, in denen unangemeldete Inspektionen angezeigt sind, werden klar definiert (zum Beispiel Apotheken mit Zytostatika-Herstellung).*
- *Zum Schutz vor Arzneimittelfälschungen werden Anpassungen an die europäischen Vorgaben zum Fälschungsschutz und zu den Sicherheitsmerkmalen auf Arzneimitteln vorgenommen. Neben Anzeige- und Überwachungspflichten werden Sanktionen bei Verstößen gegen die Anforderungen der EU-Verordnung geregelt. Zudem wird eine Vereinfachung bei der Kennzeichnung eingeführt.*

Inwieweit sich dadurch die Sicherheit der Arzneimittelversorgung verbessert, wird sich beim nächsten Skandal zeigen. Tiefgreifend wird und kann der Effekt aber angesichts des Handelsumfangs und der offensichtlichen Schwierigkeiten der Behörden bei der analytischen Überprüfung der Wirksamkeit und Unbedenklichkeit gerade bei den hochempfindlichen proteinhaltigen Arzneimitteln nicht sein.

Fehler im Testsystem

Die die Behörden in Deutschland können in diesen Fällen gar nicht testen, ob das vorgefundene Arzneimittel wirksam und unbedenklich ist. Und das aus einem einfachen Grund: Sie kennen die Produktspezifikationen nicht. Die kennen nur der Hersteller und die Europäische Arzneimittel-Agentur (EMA). Ohne Kenntnis der geheimen Produktspezifikationen können Proteingemische – zu denen alle monoklonalen Antikörper (MAK) zählen – selbst bei bester personeller und apparativer Ausstattung nicht valide auf ihre Wirksamkeit und Unbedenklichkeit hin untersucht werden. Bei diesen Produkten ist also eine analytische Kontrolle durch Behörden des Bundes oder der Länder im Regelbetrieb gar nicht möglich. Im Grunde ist immer nur eine formale Kontrolle nach Aktenlage möglich, also wenn es um Zertifikate, Lieferscheine oder eine Großhandelserlaubnis geht.

Und das ist der Fehler im System.

Denn es sind gerade diese Wirkstoffe, die wegen ihrer hohen Preise und den entsprechenden Gewinnspannen beliebte Handelsprodukte für den Parallelimport und Parallelexport darstellen. Und ob die Wirkstoffe gefälscht sind oder nicht, wird eine alleinige Überprüfung nach Aktenlage, wie sie Behörden im Allgemeinen bevorzugen, nicht klären können. Oder anders gesagt: Durch diese Maßnahme erhöht sich die Arzneimittelsicherheit kaum.

Auffallend ist zudem, dass alle anderen Empfehlungen und Forderungen der Taskforce nicht Eingang in das Gesetz fanden. Wäre man diesen Empfehlungen gefolgt, hätte sich an den Handelswegen etwas ändern müssen, wodurch einige Geschäftsmodelle gefährdet und einige Spielfiguren empfindlich gestört worden wären.

Fauler Kompromiss

Eine weitere Möglichkeit zur Reduzierung des Importanteils im GKV-System wäre die Abschaffung der Importförderklausel gewesen. Die Importförderklausel sah vor, dass Apotheken verstärkt billigere Importe (Parallel- oder Reimporte) aus ausländischen Gesundheitssystemen in Deutschland abgeben sollen. Dazu mussten die Importe mindestens 15 Euro oder 15 Prozent billiger sein als das Original. Im Rahmenvertrag hatten die Vertragspartner GKV-Spitzenverband und DAV dann präzisierend geregelt, dass maximal fünf Prozent des importfähigen Fertigarzneimittelumsatzes der jeweiligen Krankenkassen mit preisgünstigen Importen zu bestreiten sind (sogenannte Importquote).

Andernfalls muss die Apotheke die Differenz bei einer Unterschreitung der Quote aus der eigenen Tasche zahlen. Obwohl immer wieder deren Abschaffung gefordert wurde, gibt es diese Quote schon viele Jahre. Sie gehört zu den kompliziertesten Regelungen im Apothekenalltag. Sie bringt den Kassen nur wenig Einsparungen, zwingt aber die Apotheker zur Abgabe dieser fälschungsanfälligen, oft nicht lieferbaren und die Patienten verwirrenden Importe, deren Lieferwege manchmal kreuz und quer durch halb Europa verlaufen.

Im Referentenentwurf zum GSAV war anfangs zumindest die Streichung der 15-Euro-Grenze bei der Importförderklausel enthalten. Dieses »Steuerungsmittel« sollte (und würde) den Krankenkassen höhere Einsparungen als bisher bringen. Andererseits würden die Gewinne der Importeure gegenüber den letzten Jahren etwas zurückgehen, das Geschäft aber würde weiterlaufen. Ein fauler Kompromiss.

Eine Erklärung: die Herkunft des Ministers

In der Folge gab es heftige Diskussionen um die Importförderklausel und die Importquote. Das sind Auseinandersetzungen, die nur selten in der Öffentlichkeit ausgetragen werden, aber einen massiven Einfluss auf die Arzneimittelsicherheit haben. Man agiert da immer sehr diskret. Eine Folge des Streits war, so berichtet die *Deutsche Apotheker Zeitung*, dass die Importförderklausel sogar ganz aus dem Gesetzentwurf gestrichen wurde, um aber nicht einmal einen Tag später dort, etwas modifiziert, wieder aufzutauchen. Für dieses Hin und Her gibt es Erklärungen, eine bezieht sich zum Beispiel auf die saarländische Herkunft von Bundeswirtschaftsminister Peter Altmaier (CDU).

Dieser hatte sich vehement für einen Arbeitgeber seines Wahlkreises eingesetzt – und zwar für die Firmengruppe um Kohlpharma, einen der größten Re- und Parallelimporteure der Republik mit Sitz in Merzig. Und Merzig liegt direkt im Wahlkreis von Peter Altmaier. Eine Abschaffung der Importförderklausel hätte die Apotheken von der Verpflichtung zur Abgabe dieser Arzneimittel entbunden. Es bestand also die Gefahr, dass verantwortungsbewusst handelnde Apotheker auf die Abgabe von Importen ganz verzichtet hätten und der Umsatz der Branche geschrumpft wäre. Andererseits hatten einige Krankenkassen und auch einige »befreundete« Apotheker, die gerne Importe abgeben, ebenfalls ein Interesse am Fortbestand der Regelungen.

Nicht zufällig wurde nach jahrelangen erfolglosen Verhandlungen über einen neuen Rahmenvertrag zwischen dem GKV-Spitzenverband und dem DAV im Vorfeld der Verabschiedung des GSAV überraschend eine Einigung erzielt. Der neue, seit Juli 2019 gültige Rahmenvertrag enthielt eine leicht verkomplizierte neue Importförderklausel und Regelungen zur Importquote, die dann als Steilvorlage entsprechend Eingang ins GSAV fanden. Preisgünstige Importarzneimittel bis 100 Euro müssen jetzt 15 Prozent, solche zwischen 100 und 300 Euro 15 Euro und alle über 300 Euro mindestens fünf Prozent billiger sein als das Original.

Die Frage ist: Was haben diese Maßnahme mit mehr Sicherheit in der Arzneimittelversorgung zu tun? Helfen sie den Patienten?

Im Ringen um die Importförderklausel hatte man sich kurzfristig auf den Kompromiss geeinigt, zumindest Arzneimittel, die »wegen ihrer besonderen Anforderungen insbesondere an die Lagerung und den Transport« besonders kritisch sind, also biotechnologisch hergestellte Arzneimittel sowie Krebsmedikamente zur parenteralen Anwendung, von dieser auszunehmen.

Dennoch: Weder wird, wie im Taskforce-Bericht empfohlen, die Importquote abgeschafft, noch auf ein Verbot des Parallelimporthandels europaweit hingewirkt. In der Konsequenz wird es also weiterhin bei einem regen europaweiten Handel mit Arzneimitteln bleiben, der weder die Wirksamkeit und Unbedenklichkeit der dann zur Anwendung kommenden Arzneimittel noch die moralischen Bedenken gegen diese Art des Handels berücksichtigt. Denn entzieht man dem einen Land seine Arzneimittel durch Export, verschärft man dort die Lieferengpässe, um sie andernorts durch Import der entsprechenden Packungen zu verringern. Fragwürdig, aber offensichtlich gewinnträchtig.

Der Clou des Ganzen: Wegen diesen zum Teil sehr komplizierten Rahmenvertragsregelungen kam es in der Realität zu einer erstaunlichen Nebenwirkung: Die Kombination von schwachem GSAV und neuem Rahmenvertrag führte nicht zu einer Reduzierung des Importmarktes, sondern die Umsätze und Abgabemengen der Re- und Parallelimporteure nahmen nach Angaben der *Deutschen Apotheker Zeitung* in der Folge deutlich zu. Die Arzneimittelsicherheit wurde also geschwächt. Ganz im Sinne der hier maßgeblichen Player.

Chronik des Abschmetterns, Teil 3: Der weltweite Wirkstoffhandel

Mehr Kontrollen sollten im GSAV auch im Hinblick auf verunreinigte Medikamente ermöglicht werden. Auch hier ist der Ausgangspunkt ein Skandal. Seit Juli 2018 wurden immer mehr valsartanhaltige Arzneimittel zurückgerufen. Grund dafür waren krebserregende Verunreinigungen, die möglicherweise produktionsbedingt bei der Wirkstoffsynthese entstanden und weder von den überwiegend chinesischen (hier: Zhejiang Huahai Pharmaceutical und Zhejiang Tianyu) oder indischen Herstellern deklariert, noch von der Europäischen Arzneimittel-Agentur (EMA) gefunden worden waren. Wie konnte es dazu kommen?

Warum hat keiner die Verunreinigungen im Wirkstoff entdeckt? Um das zu verstehen, muss man sich das Verfahren anschauen. Im Rahmen einer europäischen Zulassung können Wirkstoffhersteller beim Europäischen Direktorat für die Qualität von Arzneimitteln (EDQM) ein Certificate of Suitability of Monographs of the European Pharmacopoeia, kurz CEP, beantragen. Das CEP bescheinigt die Arzneibuchkonformität und damit die Qualität des Wirkstoffes.

DATEN UND FAKTEN ZU CEPS

- *Seit 1994 7000 CEP-Anträge für mehr als 1000 verschiedene Substanzen*
- *Bestand von rund 4900 gültigen CEPs*
- *1200 Hersteller aus 50 verschiedenen Ländern, davon 303 in Europa, 251 in Indien und 234 in China (März 2017)*

In 2017:

- *Eingang von 291 neuen CEP-Anträgen beim EDQM, außerdem rund 1800 Anträge auf Änderungen*
- *Erteilung von 306 neuen und 1505 aktualisierten Zertifikaten Vor-Ort-Inspektion von 44 Produktionsstätten, davon 25 in Indien und 16 in China*
- *20 CEPs wegen Non-Compliance ausgesetzt und fünf widerrufen*

Quelle: EDQM Annual Report 2017, Poukens-Renwart 2017

Wer ein CEP beantragt, muss die chemische Synthese der Substanz umfassend beschreiben und mögliche und tatsächliche Verunreinigungen nennen. Diese Unterlagen werden durch Assessoren des EDQM bewertet. Diese Assessoren haben unterschiedliche naturwissenschaftlich-akademische Qualifikationen und einschlägige berufliche Erfahrung. Sie kommen unter anderem aus den nationalen Zulassungsbehörden. Wenn der Hersteller belegen kann, dass die Qualität der Substanz von der Monografie des Europäischen Arzneibuchs abgedeckt wird, erteilt das EDQM das CEP. Dieses Zertifikat ist sodann auch Bestandteil des Antrages auf Marktzulassung.

Nicht wissen, was wirklich verkauft wird

Gibt der Hersteller aber beispielsweise nicht an, dass sein Wirkstoff mit krebserregenden Nitrosaminen verunreinigt sein könnte – vielleicht auch weil er es selbst nicht weiß –, wird auch nicht auf diese Verunreinigung hin geprüft.

Alle nachfolgenden weiterverarbeitenden pharmazeutischen Unternehmen verlassen sich dann auf das CEP. Es ist sogar so, dass das CEP-Verfahren unter anderem dazu dient, Eigentumsrechte der Wirkstoffhersteller zu schützen. Es sieht nicht vor, dass »Zulassungsantragsteller«, »Zulassungsinhaber« oder »Inverkehrbringer« diese Unterlagen einsehen.

Ergibt sich nun beim Hersteller eine Änderung im Syntheseweg, so erfährt der Zulassungsinhaber das nicht zwangsläufig. Dazu müsste das CEP geändert werden, was aber im Fall der Sartane lange nicht geschah, obwohl sich deren Syntheseweg bereits 2012 geändert hatte. Bekommt der Zulassungsinhaber keinen Wink bezüglich einer neuen Verunreinigung, wird er diese auch nicht finden. So bleibt eine Verschmutzung völlig unbeachtet.

Neben dieser präventiven Kontrolle der Qualität von Wirkstoffen über das CEP hat das EDQM im Jahr 1999 ein Inspektionsprogramm für Produktionsstätten von CEP-Inhabern initiiert, das heute in das 2008 gegründete weltweite »International API Inspection Programme« eingebunden ist.

In diesem Rahmen werden jedes Jahr rund 40 Vor-Ort-Inspektionen durchgeführt, und zwar entsprechend den Schwerpunkten der Wirkstoffherstellung hauptsächlich in Asien. Außerdem gibt es für den Bestandsmarkt auch das Europäische Netzwerk der Amtlichen Arzneimittel-Kontrolllaboratorien (General European OMCL Network, GEON), das sich mit der Marktüberwachung bei Wirkstoffen beschäftigt, die über ein europäisches Verfahren (zentral, dezentral oder per Anerkennungsverfahren) zugelassen wurden. Im Moment werden im Rahmen des regelmäßigen Arbeitsprogramms pro Jahr etwa 700 Arzneimittel auf ihre Qualität hin überprüft und die Ergebnisse in einer Datenbank abgelegt, die allerdings nicht öffentlich zugänglich ist.

Verunsicherte Patienten

Wahrscheinlich folgen auch diese Kontrollen den Angaben des CEP, das heißt: Es werden keine Verunreinigungen gefunden, die dort nicht als möglich aufgeführt wurden. Trotz dieser dreistufigen (mit dem Zulassungsinhaber sogar vierstufigen) und sehr aufwendigen Kontrollmechanismen hängt im Ergebnis alles von der Sorgfalt und der Sachkenntnis weniger Menschen ab. Die Aufgaben sind komplex und die Entfernungen groß. So kam es trotz wiederholter Vor-Ort-Kontrollen bei chinesischen Betrieben zur Verunreinigung mit Nitrosaminen. Zeitweise gab es weltweit nur noch einen Hersteller, der Sartane ohne nachweisbare Verunreinigungen liefern konnte. Da inzwischen auch andere Wirkstoffe (zum Beispiel Ranitidin oder vielleicht auch Metformin) von entsprechenden Verunreinigungen betroffen sind und ein Ende des Skandals noch nicht in Sicht ist, sind die betroffenen Patienten nach wie vor verunsichert.

Das GSAV reagierte auch auf diesen Skandal mit mehr und besseren Kontrollen. Doch angesichts der europa- und weltweiten Dimension des Skandals ist es geradezu lächerlich, wenn ein deutsches Gesetz einen Kontrollmechanismus verankert. Dennoch: Die zuständige Bundesoberbehörde wurde verpflichtet, auch den Namen und die Anschrift der Wirkstoffhersteller anzugeben – auf ihrer Internetseite. Diese Angabe solle zu einer höheren Versorgungssicherheit bei Arzneimitteln in Deutschland führen und zudem Patienten in Kenntnis setzen über Wirkstoffhersteller von Arzneimitteln.

Nicht in der Gesetzesbegründung erwähnt sind die Apotheker, die aber ebenfalls froh wären, könnten sie im Fall der Fälle schnell nachschauen, welcher Wirkstoffhersteller hinter einem bestimmten Arzneimittel steckt – schon im Interesse ihrer Kunden.

Irgendwann soll es diese Liste nun aber immerhin geben.

DIE KONSEQUENZEN IM GSAV:

- *Die* Koordinierungsfunktion *des Bundesinstituts für Arzneimittel und Medizinprodukte (BfArM) beziehungsweise des Paul-Ehrlich-Instituts (PEI) wird gestärkt. Sie koordinieren unter bestimmten Voraussetzungen Rückrufe auf Ebene der Bundesländer und sollen Versorgungsengpässe verhindern.*
- *Krankenkassen bekommen* Anspruch auf Regress *bei Produktmängeln mit Folge eines Rückrufes von Arzneimitteln.*
- *Länder müssen die zuständigen Bundesoberbehörden über geplante* Inspektionen bei Herstellern von Arzneimitteln und Wirkstoffen in Drittstaaten *informieren.*
- Informationen über Wirkstoffhersteller *von Fertigarzneimitteln sollen öffentlich gemacht werden.*
- *Für Versicherte fällt die* Zuzahlung *bei einer notwendigen Neuverordnung infolge eines Arzneimittelrückrufes wegen Qualitätsmängeln weg.*
- *Bei Abschluss von* Rabattverträgen *der Krankenkassen mit den Arzneimittelherstellern soll die Lieferfähigkeit von Arzneimitteln berücksichtigt werden.*

Zudem wurde im Sozialgesetzbuch ein »verschuldensunabhängiger Anspruch« der Krankenkassen gegen den pharmazeutischen Unternehmer eingeführt. Ein finanzieller Schaden für die Krankenkassen soll also nicht mehr entstehen.

Wie steht es aber mit möglichen Gesundheitsschäden beim Patienten? Die wurden irgendwie nicht berücksichtigt.

Das Augenmerk der Hersteller (und ihrer Unterstützer) liegt ohnehin auf einer kostengünstigen Produktion. Und Wirkstoffpreise sind der entscheidende Kostenfaktor bei der Herstellung von Fertigarzneimitteln. Das hat dazu geführt, dass in den letzten Jahrzehnten fast alle Produktionsstätten für Wirkstoffe aus Deutschland ins meist außereuropäische Ausland, sprich: Asien abgewandert sind. Und als Folge der fortschreitenden Arbeitsteilung in Wirkstoffproduzenten und Zulassungsinhaber, wird es auch immer leichter, die Verantwortung auf einen anderen Beteiligten zu schieben, der zudem möglicherweise nicht belangt werden kann.

Die unentdeckten Fehler

Verschärft wurde diese Situation durch das heutige System der bereits erwähnten Rabattverträge und Festbeträge, die den finanziellen Druck auf die Hersteller weiter erhöht haben. Selbstverständlich sollte dabei nie die Produktionsqualität sinken. Je weiter entfernt die Produktionsstätten und je komplizierter die Herstellungswege sind, desto schwieriger wird allerdings die Kontrolle. Wird hier ein Fehler gemacht, kann es wie bei Valsartan vorkommen, dass dieser Fehler weitreichende Auswirkungen hat und lange Zeit unentdeckt bleibt. Zumal es daran hängt, ob der Wirkstoffproduzent erkennt, ob bei ihm ein Fehler vorliegt.

Im GSAV fehlte noch die Forderung nach einer innereuropäischen Produktion, die besser kontrolliert werden könnte. Diese Forderung wird inzwischen zwar immer wieder geäußert, kann aber definitiv nicht annähernd so schnell umgesetzt werden wie beispielsweise bei der coronabedingten Produktion von Masken. So bleiben die Liefer- und Kontrollwege noch für Jahre weit und die Einflussmöglichkeiten gering. Ebenso fehlte im GSAV eine Begrenzung der durch die Rabattverträge ausgelösten Preisschlacht im GKV-System. Im Sinne der Versorgungsqualität, und damit im Sinne der Patienten, sollte man vielleicht darüber nachdenken, ob die Krankenkassen die Preisschraube in manchen Fällen nicht doch überdreht haben. Zumal Generikafirmen mit ihren kostengünstigen Produkten unser

Arzneimittelversorgungssystem seit vielen Jahren am Laufen halten und man sie schon deshalb am Leben lassen sollte. Vielleicht sollte man Regelungen finden, die auch eine angemessene Gewinnspanne bei den generischen Herstellern belässt? Beispielsweise könnte bei Generika der durchschnittliche Weltmarktpreis des jeweiligen Wirkstoffes als Basis für eine Aufschlagsregelung dienen. Alles Maßnahmen, die die Motivation, das Medikamenten-Monopoly zu spielen, reduzieren helfen würden.

Wo bleiben europäische Lösungen?

Das ganze GSAV macht, nüchtern betrachtet, den Eindruck eines bemühten Versuches, mit der Realität Schritt zu halten. Dabei besteht das Grundproblem in unserer arbeitsteiligen und globalisierten Welt. Dem nationalen Gesetzgeber bleiben folgende Möglichkeiten:

1. Nationale und kleine Gesetzeslücken, wie beim Fall des Heilpraktikers in Brüggen-Bracht, können noch geschlossen werden. Hier gibt es keine größeren Widerstände.
2. Kriminelle Machenschaften, wie im Fall Bottrop, werden öffentlichkeitswirksam zu Umstrukturierungen und Machtverschiebungen in unserem föderalen Behördensystem genutzt, dienen aber eigentlich nur als Vorwand, da sie Sache der Strafverfolgung sind.
3. Fehler in unserem Handelssystem, wie sie im Lunapharm-Skandal offengelegt wurden, sind nur gegen starke Lobbywiderstände zu korrigieren. Hier müssen dringend neue Prioritäten gesetzt werden.
4. Fehler im System der Arbeitsteilung, behördlicherseits und auch wirtschaftlich, müssen auf europäischer Ebene gelöst werden. Der Valsartan-Skandal zeigt deutlich, dass sich sonst europäische und nationale Behörden gegenseitig die Verantwortung zuschieben und letztlich keiner mehr die Verantwortung übernimmt. Die Wirtschaft wird immer so handeln, wie es die gesetzlichen Rahmenbedingungen zulassen – wenn sie Kontrollen fürchtet.

Wollte man die Arzneimittelsicherheit tatsächlich erhöhen, müssten unabhängige Experten und Praktiker in Klausur gehen und neue Rahmenbedingungen für die Arzneimittelversorgung festlegen, denen sich dann alle Spieler anpassen müssten. Jetzt aber machen die Spieler die Spielregeln weitgehend unter sich aus, und sie bestimmen auch, wer im Medikamenten-Monopoly gewinnt. Der Patient ist es jedenfalls nicht.

Wucher

➡ **Ein bisschen mehr Gewinn geht immer.**

➡ **Der Bundesgerichtshof eröffnet Möglichkeiten.**

➡ **Das Solidarsystem ist ein braver und ausdauernder Zahler.**

ES GIBT WORTE, DIE IN IHRER SACHLICHKEIT VERSCHLEIERN SOLLEN, was wirklich gemeint ist. Zum Beispiel: Beitragssatzanpassung. Wenn die gesetzlichen Krankenkassen (GKV) den Beitragssatz »anpassen«, ist fast immer eine Erhöhung gemeint. Zum 1. Januar 2020 hat rund ein Viertel der bundesdeutschen Krankenkassen die Beiträge erhöht, für 2021 sind weitere Erhöhungen beschlossene Sache. Begründet werden die Erhöhungen meist mit den »steigenden Kosten im Gesundheitswesen«.

Das ist so richtig, wie es ungenau ist.

Vor allem lässt es außer Acht, wer die Kosten verursacht, wer massiv von den Kostensteigerungen profitiert – und wie unkontrolliert Preise für innovative Arzneimittel in die Höhe schießen. Und vor allem, dass der Staat wissentlich diesem Wucher den Weg bereitet und selbst über den vollen Mehrwertsteuersatz mitprofitiert. In diesem Fall ist »Wucher« tatsächlich der einzig passende Begriff. Was dagegen gar nicht passt, ist, dass davon oft Patienten in schweren Notlagen getroffen werden.

Wenn ein Medikament in Deutschland nicht verfügbar ist, dürfen Apotheken dieses unter bestimmten Voraussetzungen importieren. Das nennt sich dann Einzelimport. Und im Zusammenhang mit Einzelimporten erlebt man als Apotheker oft herzzerreißende Szenen. Wie bei meinem Gespräch mit einer krebskranken Frau, die seit mehr als einem Jahr um ihr Überleben kämpfte und am Telefon nach alternativen Behandlungsmethoden fragte, weil ihre aktuelle Therapie offenbar nicht mehr anschlug. Wenig später meldete sich ihr Onkologe, er habe in seinem sogenannten Tumorboard, in dem sich mehrere Ärzte regelmäßig austauschen, von einem neuen, bei uns noch nicht zugelassenen Medikament gehört. Er kannte nur den Forschungsnamen des neuen Wirkstoffes und bat mich nun nachzuforschen, ob und wo man dieses Mittel bekommen könne. Der Preis würde keine Rolle spielen, die Familie sei bereit, das Medikament aus eigener Tasche zu bezahlen. Und so bitter es klingt: Tief in die eigene Tasche zu greifen, ist oft der letzte Versuch, der verbleibende Strohhalm.

Der Arzneimittelmarkt ist ein gigantischer Markt. Die pharmazeutische Industrie stellt eine große Bandbreite an Arzneimitteln im Bereich der Human- wie auch der Tiermedizin her. Das Volumen des weltweiten Pharmamarktes belief sich nach Angaben von statista.com im Jahr 2018 auf rund 1,2 Billionen US-Dollar. Weit mehr als die Hälfte davon entfielen auf die größten fünf nationalen Märkte: die USA mit 485 Milliarden, China mit 134 Milliarden, Japan mit 85 Milliarden und die beiden größten europäischen Märkte, Deutschland und Frankreich, mit 52 beziehungsweise 36 Milliarden US-Dollar Marktvolumen. Umsatzstärkste Therapieklasse ist ganz klar die Onkologie mit rund 124 Milliarden US-Dollar. Es geht also um sehr viel Geld. Aber wer verdient was? Wer profitiert? Und inwieweit lassen sich die Geldflüsse nachvollziehen?

Patienten interessieren sich nicht für Preise

Die Grundfrage lautet tatsächlich: Wer verdient was? Wobei es für einen Außenstehenden zunächst nicht so interessant ist, da sowohl für Privat- als auch gesetzlich Versicherte dieser Preis keine ernsthafte Rolle spielt, der ja von den Krankenkassen bis auf die Zuzahlung respektive Selbstbeteiligung übernommen wird. Das Arzneimittel wird von den Beiträgen der Versicherten bezahlt. Diese Routine des Solidarsystems hat dazu geführt, dass das Interesse der meisten Versicherten an den Arzneimittelpreisen nicht besonders ausgeprägt ist. Sie schrecken nur gelegentlich auf, wenn eben die nächste Beitragserhöhung ihrer Krankenkasse ansteht und mit den steigenden Gesundheitsausgaben begründet wird.

Generell liegt das Interesse der Versicherten beim Nutzen, der Qualität und der Verfügbarkeit der Arzneimittel. Wer daran verdient? Will keiner so genau wissen. Zudem wird es nicht so transparent gehandhabt wie es möglich oder nötig wäre. Der Apothekenverkaufspreis (AVP) eines verschreibungspflichtigen Fertigarzneimittels orientiert sich an der Arzneimittelpreisverordnung (AMPreisV). Deren Ausgangspunkt ist der Herstellerabgabepreis (ApU), also der vom pharmazeutischen Unternehmer festgesetzte Preis, der als einziger weitgehend frei kalkulierbar ist.

Zu den Regeln unserer Marktwirtschaft gehört es aber, dass sich knappe oder schwer zu besorgende Produkte verteuern. Die Nachfrage übersteigt das Angebot und damit steigt auch der Preis. In der Coronakrise konnte man den Mechanismus beispielsweise im Randsortiment bei Atemschutzmasken oder Desinfektionsmitteln live beobachten. Das ist unerfreulich, aber leider systembedingt. Beim Vertrieb von Arzneimitteln läuft das etwas anders. Es gibt hier sogar staatlich gestützten Preiswucher.

Zwei Mitspieler im Medikamenten-Monopoly stehen dabei besonders im Fokus:

- Erstens Firmen oder Apotheken, die sich auf den Einzelimport von Arzneimitteln spezialisiert haben.
- Zweitens Originalhersteller, also pharmazeutische Unternehmen, die neue, patentgeschützte Wirkstoffe in den Markt bringen.

Fakt ist: Einzelimporte sind nicht besonders häufig. Hauptsächlich kommen sie im Zeitraum zwischen der ersten weltweiten Markteinführung und der Markteinführung in Deutschland bei einem neuen, patentgeschützten Wirkstoff vor. Dabei gilt in der Regel, dass neue Produkte zuerst in den USA, dann in Japan und erst danach in der EU verfügbar sind. Ob sie verfügbar sind, richtet sich nach Marktgröße und vor allem nach dem erzielbaren Preis.

Und bei der Preisbildung gibt es keine Grenzen nach oben. Das hat sogar der Bundesgerichtshof entschieden. Für Einzelimporte können frei kalkulierbare Preise verlangt werden – für die Richter geht das in Ordnung.

Die Beschaffung ist ja so schwierig!

Ein typisches selbst erlebtes Beispiel für die »Preisgestaltung« eines Einzelimports: Von einem neuen Zytostatikum (Krebsmittel) aus den USA werden drei Flaschen (Vial) für einen Patienten alle 21 Tage benötigt. Der US-Verkaufspreis pro Flasche bei Abgabe an Privatpatienten lag Anfang April 2020 bei 2406,49 US-Dollar (circa 2200 Euro), inklusive etwa zehn Prozent Mehrwertsteuer.

Nun gibt es Importeur I, der für jedes Fläschchen 6747,47 Euro brutto, also etwa den dreifachen amerikanischen Preis verlangt, zuzüglich einmalig 542,64 Euro für den Versand. Alles in allem dann 20 785,06 Euro als Verkaufspreis an die Apotheke.

Importeur II dagegen berechnet als Einkaufspreis 4248,90 Euro brutto, also noch immer fast den doppelten amerikanischen Preis, erhebt aber keine Versand- oder Beschaffungskosten, sodass sich zusammen 12 746,69 Euro ergeben.

Importeur I verlangt also je Flasche rund 2500 Euro brutto mehr als Importeur II. Jetzt würde man denken, dass Importeur I die Kunden davonlaufen angesichts des überhöhten Preises und alle bei Importeur II ordern. Doch weit gefehlt.

Denn Firma I bietet den einkaufenden Apotheken nicht nur fünf Prozent Skonto, also einen Preisnachlass bei fristgerechter Zahlung, den es bei Importeur II nicht gibt – sondern vor allem ergibt der Preis insgesamt einen deutlich attraktiveren Ertrag aus Sicht der abgebenden Apotheken: je höher der Rohertrag, desto größer letztlich der Gewinn. Und Importeur I bietet einen Rohgewinn von 178,45 Euro je Flasche. Addiert man die fünf Prozent Skonto, also 291,11 Euro, ergibt sich ein Rohgewinn von 469,56 Euro pro Flasche. Bei Importeur II liegt dieser nur bei 115,47 Euro.

Der Importeur haftet nicht

Grundsätzlich genügt es für die Preisbildung von Einzelimporten für die abrechnende Apotheke nachweisen zu können, wie hoch der tatsächliche Einkaufspreis ist. Die Berechnung des Verkaufspreises erfolgt dann nach den festgelegten Regeln der Arzneimittelpreisverordnung. Also nach Genehmigung bei verschreibungspflichtigen Arzneimitteln, die zulasten der gesetzlichen Krankenkassen verordnet werden und ohne Genehmigung und Kontrolle bei privaten Krankenkassen. Kontrolliert wird der Preis, wenn überhaupt, also nur bei der abgebenden Apotheke und nicht beim Importeur. Die Apotheke trägt übrigens auch das volle Risiko, falls es deswegen zu Streitigkeiten mit den Krankenkassen kommt.

Der Importeur trägt keine Haftung mehr. Weil der BGH in einem wegweisenden Urteil (Urteil des Bundesgerichtshofs vom 9. Mai 2018, Az.: VIII ZR 135/17) entschieden hat, dass die Preisbildung des Einzelimporteurs nicht der deutschen Arzneimittelverordnung unterliegt – mit dem Argument: Die Beschaffung eines in Deutschland nicht zugelassenen Arzneimittels sei aufwendiger als der Bezug eines zugelassenen Präparates. Aus Sicht der Juristen scheint es enorm schwierig, ein Arzneimittel per Post verschicken zu lassen. Die Richter gingen davon aus, der Drei-Prozent-Anteil eines Großhändlers (plus 70 Cent) sei zu gering für einen Einzelimporteur, was vielleicht sogar stimmt. Die Folgen des BGH-Urteils gehen aber (wohl unbeabsichtigt) in eine ganz andere Richtung und sind eindeutig ein juristisch abgesegneter »Wucher« bei Arzneimittelpreisen. Der Gesetzgeber reagierte auf dieses Urteil bisher nicht – auch eine Art, das Medikamenten-Monopoly weiter zu befeuern.

Hinzu kommt in diesem Fall, dass das importierte Arzneimittel noch zu einer Infusion verarbeitet werden muss. Das können nur wenige Apotheken, man braucht einen speziellen Raum zur aseptischen Herstellung. Und obwohl dies einen deutlichen Mehraufwand bedeutet, erhalten die Apotheken keinen Aufschlag auf den Apothekeneinkaufspreis. Sie »verdienen« in diesem Fall nur den Skontobetrag von Importeur I. Ansonsten bleibt dem Apotheker noch der Arbeitspreis von 81 Euro für die Herstellung der anwendungsfertigen Infusion. Wer verdient nun pro Flasche was?

Wie also steht es um den Rohgewinn ohne Mehrwertsteuer, aber vor Abzug aller Kosten? In unserem Beispiel verdient der Hersteller, das pharmazeutische Unternehmen in den USA, je Flasche rund 2000 Euro. Importeur II verdient 1570,50 Euro, Importeur I

3822,15 Euro. Die Apotheke zwischen 0 Euro (herstellende Apotheke und Importeur II) und 469,56 Euro (nicht herstellende Apotheke und Importeur I). Der Staat verdient an der Mehrwertsteuer, zwischen 693,79 Euro (herstellende Apotheke und Importeur II) und 1140,11 Euro (nicht herstellende Apotheke und Importeur I).

Mit anderen Worten: Die »Gewinnverteilung« entspricht hier nicht dem Arbeitsaufwand. Bis auf den pharmazeutischen Hersteller ist es sogar genau andersherum: Wer den größten Aufwand hat, also die herstellende Apotheke, verdient in diesem Fall nur dann etwas an einem importierten Fertigarzneimittel, wenn sie es riskiert, einen deutlich wuchernden Importeur für die Beschaffung heranzuziehen. Und der Staat?

Nun, der Staat verdient über die anfallende Mehrwertsteuer immer kräftig mit. Wirklich unverschämt sind jedoch die Aufschläge der Importeure. Sind die Beziehungen und die transnationalen Lieferwege einmal eingerichtet, besteht deren »Leistung« im Regelbetrieb darin, die Arzneimittel bei ihrem Kooperationspartner im Herkunftsland zu bestellen und über die jeweiligen Ländergrenzen zu verschicken. Zugunsten der Importeure kann man mit viel Wohlwollen maximal anführen, dass es sich bei jedem Import um kleine Mengen handelt und kaum ein Multiplikationseffekt auftritt.

Das richtig große Geld

Betrachten wir nun den pharmazeutischen Unternehmer, der weltweit ein patentiertes Arzneimittel vertreibt. Angesichts der Entwicklungskosten, der Ausgaben für Forschung, klinische Studien, Herstellung, Verpackung, weltweiten Vertrieb und Marketing erscheint in unserem Beispiel ein relativ hoher Preis von rund 2000 Euro Rohgewinn zunächst plausibel. Bedenkt man jetzt aber, dass schon bei der ersten Indikation von Brustkrebs im fortgeschrittenen Stadium allein in Deutschland potenziell Anwendungen an rund 6000 Patientinnen möglich sind, die alle 21 Tage eine Infusion aus durchschnittlich drei bis vier Packungen (je nach Körpergewicht) bekommen, sieht die Rechnung schon anders aus.

Die Jahrestherapiekosten allein für das Arzneimittel pro Patientin liegen zwischen 102 000 Euro und 136 000 Euro. Bei nur 3000 Patientinnen wären dies jährlich bereits rund 350 Millionen Euro nur für dieses eine Medikament und nur in einem Land. Gehen wir jetzt davon aus, dass von der Markteinführung bis zum Patentablauf rund zehn Jahre verbleiben, ist allein in Deutschland ein Milliardenumsatz möglich.

Im oben angeführten Beispiel strebt das pharmazeutische Unternehmen mehrere Zusatzindikationen an, die die Zahl der möglichen Patienten mit einem Benefit und damit in der Folge den Umsatz deutlich erhöhen werden. Außerdem wurde eine Co-Marketing-Vereinbarung geschlossen, die eine zweite Firma am Vertrieb beteiligt, um die Marktdurchdringung zu beschleunigen. Ziel aller dieser Bemühungen ist es, in möglichst kurzem Zeitraum möglichst viel Umsatz zu erzielen, damit sich die Investitionskosten schnell refinanzieren und die Gewinne sprudeln können. Scheinbar limitierend ist das Zeitfenster zwischen Markteinführung und Ablauf des Patentschutzes, dessen Größe zusätzlich die Gier auf schnelle Gewinne antreibt. Und dabei geht es um das richtig große Geld. Das Funktionieren eines solidarischen Gesundheitssystems spielt in diesem Zusammenhang übrigens keine Rolle mehr.

Keiner weiß genau, was die Kasse zahlt – und was nicht

Arzneimittel sind, zumindest in der Theorie, ein besonderes Gut. Der einheitliche Abgabepreises für verschreibungspflichtige Arzneimittel ist eine der Säulen unserer Form der Arzneimittelversorgung. Damit sollen preisgetriebene Marketingaktivitäten, die zu ungewolltem Mehrverbrauch oder auch zu »Wucher« führen könnten, vermieden werden. Im Idealfall und gesetzgeberisch gewollt, soll es einen einheitlichen Abgabepreis für alle verschreibungspflichtigen Arzneimittel in ganz Deutschland geben. Gesetzlich geregelt ist, dass es einen Brutto-Apothekenverkaufspreis (AVP) gibt, der sich aber vom Erstattungspreis der gesetzlichen Krankenkassen unterscheidet.

Die privaten Krankenkassen erstatten normalerweise den AVP, gesetzliche Krankenkassen nur einen reduzierten Preis (ohne Patientenzuzahlung und abzüglich der gesetzlichen Apotheken- und Herstellerabschläge). Der im Prinzip frei kalkulierbare Abgabepreis des pharmazeutischen Unternehmers (ApU) unterliegt auch gewissen Regeln – je nachdem, ob es sich um ein patentgeschütztes Originalpräparat oder um einen Wirkstoff im generischen Bereich handelt. Und ab hier wird es kompliziert, und nur noch wenige Menschen können sagen, welcher Preis am Ende von der jeweiligen gesetzlichen Krankenkasse für ein bestimmtes Präparat bezahlt wird.

Festbeträge und Rabatte

Wer zahlt wofür? In der Theorie ist die Sache ganz einfach. Das Bundesgesundheitsministerium sagt: Ein neu zugelassenes Medikament steht zunächst unter Patentschutz, sofern es einen Zusatznutzen nachweisen kann. Im ersten Jahr kann der Hersteller den Preis frei gestalten, anschließend wird mit den Krankenkassen ein Erstattungsbetrag verhandelt, der ab dem 13. Monat nach Markteinführung gilt. Läuft Jahre später der Patentschutz aus, können auch andere Unternehmen diesen Wirkstoff produzieren und unter einem anderen Namen verkaufen. Solch ein Präparat wird als Nachahmerprodukt oder Generikum bezeichnet. Damit bei vergleichbarer Qualität und zum Teil identischen Zusatzstoffen kein Wucher betrieben wird, gibt es in Deutschland Festbeträge. Festbeträge sind Höchstbeträge für die Erstattung von Arzneimittelpreisen durch die gesetzlichen Krankenkassen, jedoch keine staatlich festgesetzten Preise. Sie errechnen sich nach einem vorgegebenen Schema aus den verschiedenen Preisen der vorhandenen Generika mit einem bestimmten Wirkstoff oder einer vom Gemeinsamen Bundesausschuss festgelegten Wirkstoffgruppe.

Die Krankenkasse zahlt maximal bis zu dem Festbetrag. Liegt der Preis eines Arzneimittels über dem Festbetrag seiner Gruppe, ist die Differenz als sogenannte Mehrkosten, wie eben eine Zuzahlung, vom Patienten zu bezahlen. Der überwiegende Teil der medizinischen

Versorgung erfolgt mittlerweile mit Festbetragsarzneimitteln – ihr Anteil an den Verordnungen beträgt rund 81 Prozent (Stand 2018), was 32,6 Prozent des Bruttoumsatzes der gesetzlichen Krankenversicherungen mit Arzneimitteln entspricht (Stand 2018).

Für Arzneimittel ohne Festbeträge müssen Pharmafirmen den Krankenkassen einen gesetzlich vorgegebenen Rabatt auf den Abgabepreis einräumen. Bei patentgeschützten Präparaten beträgt dieser sieben Prozent des Abgabepreises, bei patentfreien, wirkstoffgleichen Arzneimitteln sechs Prozent. Zudem ist ein Preisstopp (Moratorium) verankert, damit die Kosten nicht langsam ausufern.

Zusätzlich kann jede Krankenkasse mit pharmazeutischen Unternehmern weitere Rabatte oder Preisnachlässe aushandeln und die Einsparungen an ihre Versicherten weitergeben. Die Apotheke muss dann exklusiv die Arzneimittel der Hersteller abgeben, mit denen die Krankenkasse einen Vertrag geschlossen hat. Bei Rabattverträgen wird eine Vielzahl von Preisnachlässen auf die Listenpreise für unterschiedliche Packungen und Krankenkassen gewährt. Der mögliche Vorteil für den Versicherten: Die Krankenkasse kann ihm unter bestimmten Voraussetzungen die Vertragspräparate ohne Zuzahlung zur Verfügung stellen.

So viel zur Theorie.

Sparen mit Rabattverträgen

Spätestens mit den Rabattverträgen, die im Prinzip Ausschreibungen entsprechen, werden die Dinge aber intransparent und haben in der Praxis schwerwiegende Folgen: wenige Anbieter, Qualitätsverluste und Lieferengpässe. Das haben wir im Spiel »Lieferengpässe« bereits erläutert. Alle weiteren Betrachtungen müssen deshalb pauschaliert werden, weil der Preis, den eine bestimmte Krankenkasse für einen Wirkstoff und dessen Anwendungsformen bezahlt, von ihren Rabattverträgen abhängt, die geheim gehalten und nicht veröffentlicht werden. Ende 2018 gab es laut Bundesvereinigung Deutscher Apothekenverbände (ABDA) rund 28 000 Rabattverträge, mit denen die Kassen rund 4,4 Milliarden Euro einsparen konnten. Das hat zwar zur Folge, dass ein Teil der Patienten alle zwei Jahre auf eine andere Firma umgestellt wird, allerdings waren auch 21 Prozent der Rabattarzneimittel zuzahlungsfrei oder ermäßigt.

Die gewollte Intransparenz der Rabattverträge treibt bisweilen skurrile Blüten. So können die angegebenen AVPs mehrerer Rabattvertragspartner stark voneinander differieren und trotzdem im gleichen Rabattvertrag sein.

Beispiel: Ein Mittel zur Blutverdünnung bei erwachsenen Patienten mit akutem Koronarsyndrom (zum Beispiel instabile Angina pectoris) ist als Original mit 287,27 Euro für 98 Tabletten (Efient® von Daiichi Sankyo) gelistet. Dagegen liegt der gelistete Preis für das günstigste Generikum mit ebenfalls 98 Tabletten im selben Rabattvertrag (Prasugrel 5 mg von Accord, einer indischen Firma) bei 108,66 Euro (Stand: 04.06.2020).

Beide Präparate können für Patienten der Barmer Krankenkasse gleichberechtigt abgegeben werden, werden also vermutlich von der Kasse sehr ähnlich (niedrig) vergütet und das, obwohl ihre offiziellen Listenpreise sehr verschieden sind. Der offizielle Preisunterschied liegt bei 178,61 Euro.

Selbst Apothekenmitarbeiter staunen da manchmal und vermuten einen Computerfehler. Aber nach dem Patentablauf beteiligen sich manche Originalhersteller an den Ausschreibungen der Krankenkassen, geben hier teilweise erhebliche Rabatte, belassen aber ihren AVP für die Privatpatienten auf dem Niveau vor Patentablauf.

Immer mehr teure Arzneimittel

Um es kurz zu machen: Ein Großteil der Ausgaben der Krankenkassen für Arzneimittel geht auf das Konto der forschenden Pharmafirmen. Der Rest ist für den Vertrieb (Großhandel, Apotheken) und den Staat, der inzwischen mit Erhebung des vollen Mehrwertsteuersatzes mehr einnimmt, als alle Apotheken in Deutschland zusammen Kosten verursachen. Dabei erhoben 2018 nur noch drei der 28 Staaten der Europäischen Union den vollen Mehrwertsteuersatz auf Arzneimittel. Neben Deutschland waren dies Dänemark und Bulgarien. In allen anderen Staaten gelten reduzierte Mehrwertsteuersätze oder sie verzichten, wie beispielsweise Schweden, ganz auf die Mehrwertsteuer bei verschreibungspflichtigen Arzneimitteln.

Und der gut mitverdienende Staat erfreut sich an einer weiteren Entwicklung: Während der sogenannte Arzneimittelindex (Preis pro Packung) seit 14 Jahren sinkt, steigen die Gesamtausgaben für Arzneimittel um jährlich fünf Prozent an. Und genau hier zeigt sich das grundlegende Problem der Preisentwicklung: Es gibt immer mehr sehr teure verschreibungspflichtige Arzneimittel.

So nahm der Absatzanteil der Packungen über 1500 Euro von 2013 bis 2018 zwar zu (von 0,3 auf 0,5 Prozent), im gleichen Zeitraum stieg ihr Umsatzanteil allerdings von 21,3 auf 31,8 Prozent. Das heißt: Trotz aller Kostendämpfungsmaßnahmen der letzten Jahre und Jahrzehnte hat es die pharmazeutische Industrie durch sehr geschickte Lobbyarbeit geschafft, das Prinzip der freien Preisgestaltung bei Neueinführungen zu retten.

Preis für Neueinführungen hat sich verzehnfacht

Dieses Prinzip nutzt sie weidlich aus und der Einfallsreichtum kennt kaum Grenzen. Schlagwörter in diesem Zusammenhang sind »Pricing« mit so pfiffigen Ideen wie der einer »Preisschaukel« sowie Strategien zur Umgehung der schnellen Nutzenbewertung und der beschleunigten Zulassungen neuer Medikamente vor allem in der Onkologie. Ein kleines selbst ausgeführtes Rechenexempel mag diese Entwicklung verdeutlichen: Im Jahr 2019 wurden in Deutschland 31 neue Wirkstoffe in den Markt eingeführt. Nimmt man für jeden dieser Wirkstoffe den Apothekeneinkaufspreis der größten und damit in aller Regel teuersten Packung, die eingeführt wurde, summiert auf und teilt durch 31 erhält man einen Durchschnittseinkaufspreis von 29 330,22 Euro für diese 31 Neueinführungen. Im Jahr 2009 hat dieser Durchschnittseinkaufspreis bei damals 27 neueingeführten Wirkstoffen 2165,01 Euro betragen. In gerade einmal zehn Jahren hat sich der Durchschnittseinkaufspreis bei Neueinführungen mehr als verzehnfacht!

Letztlich holt sich Big Pharma mit diesen Strategien durch die überteuerten und patentgeschützten Neueinführungen die verlorenen Gewinne im generischen Bereich wieder zurück, und natürlich darf es immer auch ein bisschen mehr sein. Wir spielen schließlich Medikamenten-Monopoly.

Spiel Fünf

Fälschungen

➡ Die Arzneimittelpackung verrät vieles.

➡ Ein EU-weites digitales Sicherheitssystem sorgt für oberflächliche Fälschungssicherheit.

➡ Je teurer die Packung, desto weniger wird geprüft.

DIE PACKUNG GEHT DAS FÜNFTE MAL ÜBER DEN SCANNER. Kein Piep. Die Kundin schaut mich fragend an. Noch einmal. Kein Piep. Ich schiebe die Arzneimittelpackung wieder und wieder mit dem Code am Scanner vorbei. Hin und her. Mal ein bisschen schneller, mal etwas langsamer, mal mit etwas mehr Abstand. Manchmal hilft das, jetzt nicht: kein Piep.

»Das neue Sicherheitssystem!«, sage ich. »Es scheint überlastet.« Die Kundin runzelt die Stirn. Um die Geduld der Kundin nicht weiter zu strapazieren, drehe ich die Packung einfach um und scanne den alten Code. Diese Pharmazentralnummer (PZN) ist zum Glück noch aufgedruckt und wird sofort erkannt. Piep.

Es gibt nur ein Problem: Ich habe mich jetzt strafbar gemacht. Diese Notlösung könnte mich ein Bußgeld kosten. So könnte es laufen – in der Zukunft.

Denn die erste Nummer, die sich nicht scannen ließ, ist Teil eines europaweiten digitalen Sicherheitskonzepts. Rigoros und konsequent sollte in der ganzen EU gegen Fälschungen von Arzneimitteln vorgegangen werden. Zum einen mit einer Art Siegel, mit dem die Packungen verschlossen werden, um Manipulationen an der Verpackung zu verhindern. Durch Öffnen wird die Packung sofort als beschädigt erkennbar. Und zum anderen mit eben der neuen individuellen 20-stelligen Registriernummer, dem Data-Matrix-Code. Dieser ist neu, sehr smart und nach EU-Angaben so etwas wie der digitale Sicherheitsschlüssel. Jede Packung bekomme so »ihren eigenen elektronischen Personalausweis«, hieß es gewohnt euphemistisch bei den Pharmaherstellern, als die neuen Sicherheitsmaßnahmen eingeführt wurden. Der Schutz vor Fälschungen werde »mit jedem Tag besser«, jubelte auch der Verband Forschender Arznei-mittelhersteller (vfa).

Securpharm

Beide »Abwehrmaßnahmen«, Code und Siegel, sind Teil von Securpharm, einem neuen EU-weiten Sicherheitssystem gegen gefälschte rezeptpflichtige Arzneimittel. Der Aufbau von Securpharm hat die europäische Pharmaindustrie einen dreistelligen Millionenbetrag gekostet. Die Hersteller mussten ihre Fertigungsstraßen aufwendig umrüsten und Verpackungen anpassen. Die Registriernummer wird beim Scanvorgang parallel mit der eingespeicherten Packungsnummer in einem Zentralrechner verglichen. Insgesamt sind 22 000 Hersteller, Großhändler, Apotheken, Krankenhäuser in Deutschland an das System angeschlossen – das im Februar 2019 als großer Schritt hin zu einer sicheren Digitalmedizin gefeiert wurde.

Das Fälschungsschutzsystem ist ein weiterer Schritt zur Digitalisierung des Gesundheitswesens. Es gibt jede Menge neuer Abkürzungen, denen fast durchweg ein »e« vorangestellt ist: ePA für elektronische Patientenakte, eMP für elektronischer Medikationsplan bis hin zum e-Rezept, dem elektronischen Rezept. Ginge es nach führenden Gesundheitspolitikern, müsste möglichst alles digitalisiert werden, möglichst schnell und natürlich alles im Interesse des Patienten.

Securpharm ist einmal mehr ein Beispiel dafür, dass es bei der Digitalisierung weder um das Interesse des Patienten geht, noch irgendein nennenswerter Erfolg gegen gefälschte Medikamente erzielt wird. Nach einem Jahr und rund einer Milliarde Bezahlvorgänge, die leider oft von wie oben beschriebenen Störungen begleitet waren, konnte eine erfolgreiche Bilanz gezogen werden: Mit Securpharm, dem millionenteuren, europaweit eingeführten digitalen Sicherheitssystem, konnte innerhalb eines Jahres europaweit eine einzige gefälschte Arzneimittelpackung gefunden werden.

Eine!

WANN GILT EIN ARZNEIMITTEL ALS GEFÄLSCHT?

Die Definition dafür, wann ein Arzneimittel als gefälscht gilt, liefert das Arzneimittelgesetz in § 4 Absatz 40, in dem es heißt:

- *»Ein gefälschtes Arzneimittel ist ein Arzneimittel mit falschen Angaben über*

1. *die Identität, einschließlich seiner Verpackung, seiner Kennzeichnung, seiner Bezeichnung oder seiner Zusammensetzung in Bezug auf einen oder mehrere seiner Bestandteile, einschließlich der Hilfsstoffe und des Gehalts dieser Bestandteile,*
2. *die Herkunft, einschließlich des Herstellers, das Herstellungsland, das Herkunftsland und den Inhaber der Genehmigung für das Inverkehrbringen oder den Inhaber der Zulassung oder*
3. *den in Aufzeichnungen und Dokumenten beschriebenen Vertriebsweg.«*

Weiter heißt es in Absatz 41:

- *»Ein gefälschter Wirkstoff ist ein Wirkstoff, dessen Kennzeichnung auf dem Behältnis nicht den tatsächlichen Inhalt angibt oder dessen Begleitdokumentation nicht alle beteiligten Hersteller oder nicht den tatsächlichen Vertriebsweg widerspiegelt.«*

Mehr Umsatz mit Viagra® als mit Kokain

Warum sich Securpharm als Fehlschlag erwiesen hat, hat zwei Gründe.

Erstens: Fälschungen von Medikamenten wie beispielsweise Viagra®-Packungen oder vermeintliche Wundermittel gegen Krebs werden vor allem im Internet und nicht in der Apotheke gekauft – und im Onlinehandel greift Securpharm nicht. Dabei wäre es im Netz dringend nötig, für klare Verhältnisse zu sorgen. »Mit einem Kilogramm des Arzneimittels Viagra® lassen sich auf dem Schwarzmarkt zwischen 90 000 und 100 000 Euro erzielen«, heißt es beim Bundeskriminalamt im Bericht zur Arzneimittelkriminalität November 2016. Für Kokain erhalte man im Vergleich pro Kilo »nur« 65 000 Euro, für Heroin 50 000 Euro.

Der wahre Betrug findet also im Netz statt, und das weitgehend unkontrolliert. Dabei werden gefälschte Arzneimittel vermehrt mit

Paket- und Postservices unter die Leute gebracht – und nicht über die Apotheke. Europol weist zudem darauf hin, dass illegale und unregulierte Onlineapotheken auf dem Vormarsch sind, indem sie die steigende Tendenz zur Selbstmedikation und die Nachfrage der Verbraucher nach billigen Medikamenten nutzen. Allein weil die Kunden sich vorwiegend im Internet möglicherweise gefälschte Ware bestellen, müsste der Versandhandel mit verschreibungspflichtigen Arzneimitteln verboten werden. Der Kunde kann nicht sicher unterscheiden, welche Internetapotheke legal oder illegal arbeitet, wer seriös ist und wer nicht. Ein Verbot würde für klare Verhältnisse sorgen. Wer dann noch online bestellt, trägt selbst die Verantwortung und darf sich anschließend über Fälschungen nicht beschweren.

Und zweitens: Mit Securpharm wird nicht die komplette Lieferkette kontrolliert. Was vor dem Verkleben der Packungssiegel geschieht, unterliegt keiner Kontrolle. Wir Apotheker, die wir früher wenigstens noch stichprobenartig Medikamente überprüfen konnten, haben nun kaum mehr eine Chance. Wenn wir das Siegel öffnen, kann das Medikament nicht mehr verkauft oder retourniert werden. Anders gesagt: Falls jemals Fälschungen den Weg in die legale Lieferkette finden, können sie nun auch in Apotheken leichter unentdeckt bleiben und unkontrolliert verkauft werden.

Datenströme auf der Packung

Dennoch ist die neue digitale Sicherung ein Segen – für die Pharmaindustrie. Neben der vermeintlichen Sicherheit erhalten die Hersteller vor allem mehr Informationen über die Lieferkette, weil der Matrix-Code zuverlässig Daten liefern kann: Sobald aus der momentanen End-to-end-Version ein Track-and-trace-System wird, wachsen für die Pharmaindustrie die Steuerungsmöglichkeiten. Die Datenströme des Matrix-Codes liefern wertvolle Informationen zu Lieferwegen, den Lagerbeständen von Apotheken, indirekt der Patientenverteilung. So können Warenströme und Marketing präziser gelenkt werden. Und wenn die Apotheke, wie oben beschrieben, das Medikament verkauft, ohne den Matrix-Code zu scannen, droht künftig eine Strafe. Da schaut der Gesetzgeber sehr genau hin. Statt mehr Sicherheit zu geben, hat Securpharm vor allem mehr Überwachung und mehr Einflussmöglichkeiten für die Pharmaindustrie gebracht.

Auch hiervon weiß der Patient selbstredend nichts.

WAS IST SECURPHARM?

- *Nach eigenen Angaben (siehe: http://www.securPharm.de/nmvo/) ist Securpharm e. V. die deutsche Organisation für die Echtheitsprüfung von Arzneimitteln. Gesetzliche Grundlage für die Arbeit von Securpharm sind die EU-Fälschungsschutzrichtlinie 2011/62/EU und die delegierte Verordnung (EU) Nr. 2016/161, nach der seit dem 9. Februar 2019 jedes verschreibungspflichtige Arzneimittel vor Abgabe an den Patienten einer Echtheitsprüfung unterzogen werden muss.*
- *Securpharm e. V. baut das System zur Echtheitsprüfung von Arzneimitteln in Deutschland auf. Die Echtheitsprüfung erfolgt anhand eines Sicherheitsmerkmals auf der Arzneimittelpackung. Die Delegierte Verordnung (EU) 2016/161 fordert zwei Sicherheitsmerkmale auf der Packung von verschreibungspflichtigen Humanarzneimitteln:*
- *ein Erstöffnungsschutz (anti-tampering device), über den erkennbar ist, ob die äußere Verpackung eines Arzneimittels unversehrt ist. Dieses Sicherheitsmerkmal muss von jedem pharmazeutischen Unternehmer selbst umgesetzt werden. Die DIN EN 16679 gibt dafür einen einheitlichen europäischen Standard vor.*
- *ein individuelles Erkennungsmerkmal (Unique Identifier), das jede Packung zum Unikat und über den enthaltenen Produktcode eindeutig identifizierbar macht. Dieser Unique Identifier ist die Grundlage für die Echtheitsprüfung durch das Securpharm-System, das ein wichtiger Beitrag für den Schutz des Patienten vor gefälschten Arzneimitteln in der legalen Lieferkette ist. Securpharm ist der deutsche Baustein im EU-weiten Netzwerk gegen Arzneimittelfälschungen.*

Überwachung mit Startschwierigkeiten

Seit Jahren will die EU den Fälschungsschutz von Medikamenten erhöhen.

Trotz strenger Vorschriften in den EU-Mitgliedstaaten beobachten die Ermittlungsbehörden eine erhebliche Zunahme des Handels mit gefälschten Arzneimitteln. Jedes Jahr verliere der EU-Pharmasektor, nach Angaben von Europol, rund 10,2 Milliarden Euro wegen gefälschter Arzneimittel. Mit Securpharm wurde nun eben ein Überwachungsmechanismus eingeführt, mit dem sich künftig besser nachverfolgen lassen soll, ob und an welcher Stelle gefälschte Medikamente in die legale Lieferkette gelangen.

Apotheker sind also seit Februar 2019 gesetzlich verpflichtet, nur noch Medikamente auszugeben, die durch das neue Scannersystem gelaufen sind, ansonsten droht ihnen ein Bußgeld. Und sollte die Überprüfung eines Medikaments negativ ausgehen, darf das Produkt natürlich nicht an den Kunden gegeben werden. Das Pharmaunternehmen hat dann sieben Tage Zeit, um festzustellen, ob es sich um einen Fehler oder um einen wirklichen Fälschungsfall handelt. Gibt der Hersteller jedoch innerhalb dieser Sieben-Tage-Frist keine Entwarnung, meldet Securpharm den Fälschungsverdachtsfall an die zuständige Behörde, das Bundesinstitut für Arzneimittel und Medizinprodukte (BfArM).

Abgesehen von den zahlreichen technischen Störungen – zum Teil gab es auch Totalausfälle, was man unter »Startschwierigkeiten« verbuchen könnte – war Securpharm innerhalb der EU von Anfang an umstritten: Viele EU-Staaten setzten es nicht konsequent um, in einigen Ländern ist es gar nicht aktiv. In Großbritannien ist nur die Hälfte der Apotheken angebunden. In Frankreich streiten sich Apotheker und Politik immer noch um die Umsetzung und Norwegen spricht von »vielen Einschränkungen«. Eigentlich sollten die EU-Vorgaben zum Fälschungsschutz in allen Staaten des Europäischen Wirtschaftsraums umgesetzt werden. Doch Ausnahmen gelten derzeit noch für Griechenland, Italien und Belgien – diese drei Länder haben bis 2025 Zeit bekommen, sich dem System anzuschließen.

Die weitere Folge: Hersteller liefern inzwischen nur noch Packungen mit individueller Seriennummer, einem Erstöffnungsschutz sowie einem eigenen Produktcode. Nach Angaben von Securpharm sind inzwischen mehr als eine Milliarde Packungen mit dem Schutzcode bedruckt worden. Die Apotheken haben gelernt, damit umzugehen – oder es zu umgehen. Obwohl auch deutsche Apotheken gerne wie ihre niederländischen und dänischen Kollegen eine Vergütung für den zeitlichen und organisatorischen Mehraufwand hätten, beschwert sich kaum jemand über die zusätzliche Arbeit und die zusätzlichen Kosten, die einfach in der Menge der laufenden Ausgaben untergehen. Die Netzgesellschaft Deutscher Apotheker (NGDA) bucht ihre Gebühren einfach ab.

Die Echtheit verschreibungspflichtiger Arzneimittel wird zu Geschäftszeiten regulär inzwischen rund 150 Mal pro Sekunde geprüft. Den Großteil dieser Prüfungen leisten öffentliche Apotheken. Die Zahl der Transaktionen deckt die Zahl der Verifizierungen und der Ausbuchungen ab. Allein die Zahl der Ausbuchungen pro Tag hat sich innerhalb des ersten Jahres von Securpharm verzehnfacht. Inzwischen werden täglich rund 2,4 Millionen verifizierungspflichtige Arzneimittel aus dem Securpharm-System ausgebucht. Zum Vergleich: In Deutschland werden allein in öffentlichen Apotheken jährlich rund 740 Millionen verschreibungspflichtige Arzneimittel abgegeben. Securpharm ist damit längst in der Versorgung vor Ort und im Apothekenalltag angekommen.

Hat sich die Arzneimittelsicherheit dadurch verbessert? Die Quote der Fehlalarme des Systems liegt nach einem Jahr noch immer bei 0,42 Prozent. Das klingt wenig, heißt aber, dass es täglich zwischen 15 000 und 20 000 Fehlalarme in den Apotheken gibt. Das liegt unter anderem an fehlerhafter Packungsbedruckung mit schlecht oder verwischt gedruckten Data-Matrix-Codes, was längst nicht heißt, dass es sich um Fälschungen handelt. Sollen Apotheken, die sich in aller Regel nur über sichere Vertriebswege beliefern lassen, wegen dieser Fehlalarme neue Ware bestellen, ihre Kunden verärgern oder womöglich unversorgt lassen?

Telekom und Bertelsmann als unmittelbare Gewinner

Das Bundesgesundheitsministerium (BMG) musste nach einer Anfrage der Linksfraktion kleinlaut einräumen, dass »bisher für Arzneimittel keine Fälschungsfälle oder illegale Vertriebswege durch die Auslösung einer Alarmmeldung im nationalen Verifikationssystem aufgedeckt werden« konnten. Was nicht ganz richtig ist, die erwähnte eine Packung wurde entdeckt. Doch auch für diesen einen Fall lassen sich die erheblichen Kosten für Securpharm nicht rechtfertigen, zumal sie am Ende wieder die Versichertengemeinschaft tragen muss. Denn es ist davon auszugehen, dass die Ausgaben für Securpharm von den Arzneimittelherstellern bei der Festsetzung der Arzneimittelpreise eingerechnet werden. Immerhin gibt es zwei Gewinner: die Bertelsmann-Tochter Arvato und die Telekom. Für beide zahlt sich das System aus.

Der Betreibergesellschaft Securpharm zufolge ist das Unternehmen ACS PharmaProtect GmbH der Betreiber des Datenbanksystems für die pharmazeutische Industrie. ACS ist zuständig für die vertragliche und technische Anbindung pharmazeutischer Unternehmen, deren Produkte im deutschen Markt von der Fälschungsschutzrichtlinie betroffen sind. Technischer Dienstleister des Datenbanksystems ist Arvato Systems.

Betreiber des Apothekensystems ist die ABDA-Tochter NGDA (Netzgesellschaft Deutscher Apotheker), zuständig für die vertragliche und technische Anbindung der Arzneimittel abgebenden Stellen. Technischer Dienstleister des Apothekensystems ist die Telekom. Die Softwarehäuser haben die Programmierung und die notwendigen Hardwareumstellungen erledigt und eingepreist.

Nach außen hin alles tipptopp.

Und eigentlich müsste man es ja als großen Erfolg feiern, dass offenbar nur noch eine einzige gefälschte Arzneimittelpackung im Umlauf war. Und dass die Fälscher aus Furcht vor dem allumfassenden EU-weiten Schutzsystem ihr Handwerk beendet haben. Dass aber keine Fälschungen mehr im Markt sind, bleibt angesichts der möglichen Gewinnspannen wie auch der Skrupellosigkeit und Geschicklichkeit der Fälscher eher unwahrscheinlich. Schließlich prüft

Securpharm auch nur die Unversehrtheit der Sekundärverpackung, nicht deren Inhalt. Vermutlich werden Arzneimittelfälschungen einfach nicht mehr entdeckt.

Teure Packungen werden nicht mehr geprüft

Vor Securpharm war das Hauptinstrument zur Entdeckung von Fälschungen oder Fehlern die stichprobenartige Fertigarzneimittelprüfung, die in Apotheken routinemäßig durchgeführt wurde. Sie ist mit Securpharm praktisch unmöglich geworden, muss aber theoretisch immer noch gemacht werden. Da aber der Erstöffnungsschutz bei einer Prüfung gebrochen werden muss, kann die Packung nur noch mit langen (und vielleicht erfolglosen) Erklärungen an den Kunden abgegeben, aber nicht mehr an den Großhandel oder Hersteller zurückgeschickt werden. Schlimmstenfalls bleibt die Apotheke auf den Kosten ihrer Fertigarzneimittelprüfung sitzen. Gerade sehr teure und für Fälscher lukrative Packungen werden deshalb in der Praxis kaum noch geprüft.

Verdächtig schnell haben daher gerade Re- und Parallelimporteure auf Securpharm-Packungen umgestellt. Wenn, wie vielfach behauptet, die Importeure das Einfallstor für Fälschungen sein sollten, ist Securpharm doch geradezu ein Glücksfall für die Branche. Sie dürfen umpacken und neu versiegeln – alles gut, egal wie es um den Inhalt und dessen Zustand bestellt ist. Das System vergleicht lediglich Seriennummern, die der jeweilige Hersteller vorher in eine Datenbank eingetragen hat. Und das ist der Haken: »Wer die Nummer zuerst abscannt, hat gewonnen – egal, ob es sich bei dieser Packung um das Original handelt oder nicht«, ärgerte sich unlängst ein Apotheker-Kollege. Zudem dürften Importeure, als quasi pharmazeutische Unternehmer und obwohl sie eigentlich nichts herstellen, neue Seriennummern vergeben und ins System einspeisen. Das sei so, meinte der Kollege, als ob man »einem Bankräuber den Schlüssel zum Tresor geben würde«.

Apropos »Schlüssel zum Tresor«. Im Jahr 2018 erschütterte der erwähnte Lunapharm-Skandal das Land Brandenburg, der sogar zum

Rücktritt der dortigen Gesundheitsministerin führte. Es ging um eine kriminelle Organisation, die unter anderem teure Krebsmedikamente in griechischen Kliniken gestohlen und über Zwischenhändler nach Deutschland verkauft haben soll. Beim Transport nach Deutschland wurden angeblich zahlreiche pharmazeutische Anforderungen missachtet, sensible Wirkstoffe wurden beispielsweise nicht entsprechend gekühlt. Auf jeden Fall kamen die Arzneimittel nach Deutschland, wurden dort vom Brandenburger Pharmagroßhändler Lunapharm verkauft, der später wegen Handels mit gefälschten Arzneimitteln verklagt wurde und seitdem nicht mehr auf dem Markt aktiv ist.

Kein Hindernis für Fälscher

Die entscheidende Frage ist jedoch: Hätte Securpharm, das zum damaligen Zeitpunkt noch nicht eingeführt war, diesen Betrug verhindert? Verhindert, dass gestohlene Klinikware aus Griechenland in die legale Lieferkette gelangt? Die Antwort ist: Sehr wahrscheinlich nicht.

Griechenland gehört neben Italien zu den Ländern, die sechs Jahre länger Zeit haben, die europäischen Fälschungsschutzvorgaben umzusetzen. Individuelle Seriennummern und Siegel werden auch weiterhin auf Arzneimittelpackungen aus Griechenland fehlen. Sie sind damit »kritische Unbekannte« im Fälschungsschutzsystem, werden aber weiter vertrieben und verkauft.

Fälscher können diesen Weg also noch ein paar Jahre nutzen. Hinzu kommt, dass auch die abgescannte, gestohlene Ware von Lunapharm durch das Umpacken hätte legalisiert werden können – trotz Securpharm.

Doch eine Apotheke gibt mit Securpharm nicht nur den Schlüssel zum Tresor aus der Hand, sondern sie liefert eben auch den Schlüssel zu den wahren Schätzen des 21. Jahrhunderts: zu den Daten. Mit fortschreitender Digitalisierung werden Daten zum entscheidenden Rohstoff. Und wenn Digitalisierung auch an sich nichts Schlechtes ist, ist sie auch kein Allheilmittel. Sie ermöglicht die schnelle Verarbeitung großer Datenmengen und die schnelle Kommunikation. Allein schon aus diesem Grund ist es angebracht, die gerade ablaufende Entwicklung im Gesundheitssystem mit einem Schuss Skepsis zu beobachten: Zu vieles soll jetzt in zu kurzer Zeit umgesetzt werden, und das, obwohl sehr viele Akteure und noch viel mehr Patienten beteiligt und betroffen sein werden. Glaubt man den in letzter Zeit häufig zu hörenden Vorträgen zum Thema, so steht der Patient im Mittelpunkt aller Bestrebungen.

Vielleicht ist aber ein Großteil der Digitalisierung nur ein weiterer Schritt in Richtung Schlossallee. Vielleicht werden immer mehr Daten gebraucht? Vielleicht sollen mit den digitalisierten Daten nur das zentrale Handling der Arzneimittelversorgung durch große Konzerne vereinfacht und deren Gewinnmargen erhöht werden?

Spiel Sechs
Digitale Rezepte

➡ Es ist besser, wenn Lobbyisten gleich die Verantwortung übernehmen.

➡ Das Rezept wird digital, der Mensch bleibt analog.

➡ Ohne Arzneimittelsicherheit: Jeder kann Arzt sein, jeder kann alles bestellen, jeder sich selbst therapieren.

KENNEN SIE MARKUS LEYCK DIEKEN? Ehrlich gesagt, ich kannte ihn bis vor Kurzem auch nicht. Jetzt kenne ich ihn: Markus Leyck Dieken ist einer der wichtigsten Akteure für die Zukunft der Arzneimittelversorgung. Leyck Dieken sagt Dinge wie:»Wir werden die elektronische Patientenakte zum ›Flugzeugträger‹ des Gesundheitswesens machen.« Leyck Dieken bestimmt, wohin die Digitalisierung der Medizin sich entwickelt. Und dafür hat er den maximalen Rückhalt in der Politik.

Markus Leyck Diekens Karriere in der Pharmabranche begann 1998. Er war unter anderem für die Unternehmen Novo Nordisk, Novartis, die Biotechfirma InterMune und den israelischen Pharmakonzern Teva tätig, darunter vier Jahre als Chef des von Teva übernommenen Generikaspezialisten Ratiopharm. Von 2018 an baute er das Deutschlandgeschäft des japanischen Pharmaunternehmens Shionogi auf. Als stellvertretender Vorsitzender des Lobbyverbands Pro Generika machte er sich zudem in der gesundheitspolitischen Szene einen Namen. Und dann kam der Sprung an die Spitze einer zentralen Stelle für die Digitalisierung der Medizin. Und von dort verbreitet er großen Optimismus:»Das eRezept hat extrem viele wunderbare Dimensionen.«

Aufmerksam wurde ich auf Leyck Dieken bei einem Besuch zweier Vertreter des pharmazeutischen Außendienstes in meinem Büro. Beide gehörten zur alten Außendienstgarde, die schon lang in ihrem Beruf tätig waren und auch noch über andere Dinge nachdachten als den Verkauf. Wir kannten uns schon viele Jahre. Leyck Dieken sei einer ganz nach meinem Geschmack, meinte einer der beiden. Klang ja interessant. Und warum das? Nun, er sei ehemaliger Teva-

Geschäftsführer und jetzt im Bundesgesundheitsministerium für die Digitalisierung zuständig und zum Gematik-Chef ernannt worden. Das ist der wahrgewordene Lobbyistentraum. Endlich nicht mehr von draußen agieren, sondern von oben, aus dem politischen System heraus die Weichen stellen. Im Grunde ist er ein typisches Beispiel für den wachsenden Einfluss der Pharmaindustrie auf die Exekutive. Eigentlich müsste das Ministerium der Industrie Vorschriften machen und sich für die Bürger einsetzen, aber meist läuft es genau umgekehrt. Das sind die Spielregeln im Medikamenten-Monopoly.

Aus dem Herzen der Pharmaindustrie

Zu den wichtigsten Zielen von Bundesgesundheitsminister Jens Spahn (CDU) gehört die Digitalisierung der Gesundheitsbranche. Er ist da engagierter und zielstrebiger als die meisten seiner Vorgänger. Auch wenn schon früh die Weichen gestellt wurden. Bereits 2005, lange vor Spahn, wurde die Gematik GmbH gegründet. Mitgründer waren die Spitzenorganisationen des deutschen Gesundheitswesens, es ging darum, die Einführung, Pflege und Weiterentwicklung der elektronischen Gesundheitskarte und ihrer Infrastruktur voranzutreiben. Die Gematik gilt als die Schlüsselstelle für Themen wie das eRezept und den »eMedikationsplan«.

Doch so richtig in Schwung geriet die Sache nie. Durch die Vielzahl der stimmberechtigten Mitglieder kam die Gematik jahrelang kaum vom Fleck. Vor allem auch, weil praktisch alle Gesellschafter ihre eigenen Ziele verfolgten und Einigungen fast unmöglich schienen. Dann kam Jens Spahn.

Auf Basis des sogenannten Terminservice- und Versorgungsgesetzes (TSVG), das am 11. Mai 2019 in Kraft trat, wurde dafür gesorgt, dass das Bundesgesundheitsministerium nun 51 Prozent an der Gematik hält. Damit waren die anderen Akteure praktisch ausgehebelt. In allen Gesellschafterversammlungen hält das Ministerium nun die Mehrheit und die Entscheidungshoheit. Und eine der ersten Entscheidungen war: Markus Leyck Dieken zum Geschäftsführer zu machen – einen Mann aus dem Herzen der Pharmaindustrie.

WER IST DIE GEMATIK?

- *Die Gesellschafter der Gematik sind das Bundesministerium für Gesundheit (BMG), die Bundesärztekammer (BÄK), die Bundeszahnärztekammer (BZÄK), der Deutsche Apothekerverband (DAV), die Deutsche Krankenhausgesellschaft (DKG), der Spitzenverband der gesetzlichen Krankenversicherungen (GKV-SV), die kassenärztliche Bundesvereinigung (KBV), die kassenzahnärztliche Bundesvereinigung (KZBV) und der Verband der Privaten Krankenversicherung (PKV).*
- *Das Bundesministerium für Gesundheit hält 51 Prozent der Gesellschafteranteile. Der GKV-Spitzenverband mit 22,05 Prozent der Anteile finanziert die Arbeit der Gematik zu 100 Prozent mit einem Betrag in Höhe von einem Euro pro Jahr und Mitglied der gesetzlichen Krankenversicherung (§ 291a Abs. 7 Satz 6 SGB V). Das Bundesministerium für Gesundheit hat diesen Betrag entsprechend dem Finanzbedarf (Mittelbedarf) der Gematik und unter Beachtung der Wirtschaftlichkeit in den letzten Jahren durch die Rechtsverordnung jeweils angepasst. So wurde die Finanzierung durch die Verordnung zur Anpassung des Betrags zur Finanzierung der Gesellschaft für Telematik für das Jahr 2019 (TeleFinV 2019) auf 0,65 Euro je Mitglied der gesetzlichen Krankenversicherung reduziert.*
- *Neben den 2,45 Prozent der privaten Krankenversicherungen verteilen sich die anderen 24,5 Prozent der Gesellschafteranteile auf die Spitzenorganisationen der Leistungserbringer. Für Entscheidungen ist eine gesetzlich vorgeschriebene Mehrheit von 51 Prozent nötig.*

Bei der Digitalisierung geht es – wie beim Medikamenten-Monopoly generell – weniger um Patienten als um andere Dinge, in diesem Fall um Daten, um Datenhandel und um die Abschaffung des Zwischenhandels. Mit der Neuausrichtung der Gematik sollte nun neuer Schwung in die Sache gebracht werden. Denn gefühlt befand sich die Gematik 14 Jahre lang unter den verschiedenen Gesundheitsministern in einer Art Winterschlaf. Insofern wird sich das durch die Übernahme ändern. Jetzt aber hat mit Leyck Dieken ein Pharmalobbyist praktisch das alleinige Sagen und kann Ziele nach Belieben durchdrücken.

Inzwischen laufen 52 Pilotprojekte – und dabei geht es um viel. Das hehre Ziel der Gematik lautet: ein digitales Netz für einen mündigen Patienten. Die wahre Motivation für die Digitalisierung in der Medizin seien »jahresaktuelle medizinische Daten zu jedem Patienten«, sagt der Gematik-Chef. Denn die Digitalisierung ermögliche »nicht nur eine bessere Diagnostik, sondern auch bessere Therapiemöglichkeiten«.

Zur Umsetzung dieser Vision braucht es, folgt man der Gematik, eine digitale Lösung, eine gemeinsame Informations-, Kommunikations- und Sicherheitsinfrastruktur des deutschen Gesundheitswesens mit allen technischen und organisatorischen Anteilen. Und diese trägt den Namen Telematikinfrastruktur (TI).

DIE »VISION« DER GEMATIK:
»Wir vernetzen das Gesundheitswesen. Sicher.
- *Die Digitalisierung im Gesundheitswesen bietet enorme Chancen. Dieses Potenzial zu realisieren und gleichzeitig die Risiken zu minimieren, ist eine gewaltige Zukunftsaufgabe. Grundlage dafür ist die Entwicklung einer tragfähigen, effizienten und sicheren digitalen Infrastruktur für das Gesundheitswesen.*
- *Diese digitale Infrastruktur heißt in Deutschland Telematikinfrastruktur, eine Kombination der Begriffe ›Telekommunikation‹ und ›Informatik‹. Sie wird es allen Akteuren ermöglichen, ihre Aufgaben noch besser wahrzunehmen, die Versorgung von Patienten zu optimieren und die Zukunftsfähigkeit des deutschen Gesundheitssystems langfristig zu gewährleisten.*

Vorausdenken
- *Die Digitalisierung der Medizin und des Gesundheitswesens schreitet schnell voran. Aktuelle Entwicklungen und Trends zu beobachten und beim Auf- und Ausbau der digitalen Vernetzung zu berücksichtigen, ist deshalb eine Kernaufgabe der Gematik. Zugleich prüfen wir, ob und inwiefern neue Lösungen am Markt und in anderen Ländern auch für die Digitalisierung des deutschen Gesundheitswesens interessant und nützlich sein können.*

- *Wird das, was heute neu und interessant ist, auch noch in zehn oder 20 Jahren Bestand haben? Hier nehmen wir eine wichtige Funktion als Kompetenzzentrum, Wissenshub und unabhängige Beratungsinstanz zu allen Fragen der Telematikinfrastruktur und Digitalisierung im Gesundheitswesen wahr.«*

Quelle: https://www.gematik.de/ueber-uns/vision/

Die elektronische Gesundheitskarte (eGK)

Mit der TI sollen alle Akteure und Institutionen des Gesundheitswesens miteinander vernetzt und ein organisationsübergreifender Datenaustausch innerhalb des Gesundheitswesens ermöglicht werden. Die TI soll zum Dreh- und Angelpunkt des Gesundheitswesens werden – und zum Fundament für die elektronische Gesundheitskarte (eGK).

Die neueste Version dieser Chipkarte ist seit Anfang 2019 gültig und europaweit einsetzbar: Auf der Rückseite der Gesundheitskarte ist sie als europäische Krankenversicherungskarte, European Health Insurance Card (EHIC), ausgewiesen. Mit der EHIC können Versicherte auch im europäischen Ausland medizinische Hilfe erhalten. Nach Angaben der Betreiber werden auf der eGK derzeit nur Daten wie Name, Adresse, Geburtsdatum, Geschlecht oder die Versichertennummer gespeichert. Zukünftig können und sollen auch sogenannte Notfalldaten, elektronische Arztbriefe, eine elektronische Patientenakte, der eMedikationsplan oder auch Erklärungen des Versicherten zur Organ- und Gewebespende oder zu Aufbewahrungsorten von Vorsorgevollmachten auf der Gesundheitskarte gespeichert werden – vorausgesetzt, der Versicherte wünscht das.

Natürlich erfüllt das ganze System die höchsten Sicherheitsstandards – zumindest offiziell. Laut Gematik entscheidet allein der Versicherte, also der Karteninhaber, welche Daten gespeichert oder genutzt werden. Will der Arzt, Zahnarzt oder Apotheker die Daten auslesen, muss der Patient erst zustimmen. Zugriff zu den Daten erhält der Arzt oder Apotheker aber nur, wenn er seinerseits einen elektronischen Heilberufsausweis gegenüber der Telematikinfrastruktur »vorlegen« kann. Das soll die Versicherten davor schützen, zur Vorlage ihrer Gesundheitsdaten genötigt zu werden. Diese Schutzfunktion hat aber auch zur Folge, dass die Versicherten ihre medizinischen Daten nicht anschauen oder ausdrucken können.

Hacker haben sich »umgesehen«

Der Datenschutz stehe an oberster Stelle, glaubt man der Gematik. Dabei gab es bereits jetzt, bevor das System überhaupt komplett in Betrieb gegangen ist, einige Datenlecks, die unter anderem vom Chaos Computer Club (CCC) aufgedeckt wurden. Die Experten hackten sich 2019 in das System, konnten sich ohne Identifikation »umsehen«, Befunde lesen und selbst gefälschte Dokumente in Umlauf bringen. Bei der Ausgabe der elektronischen Heilberufsausweise (eHBA) kamen zum damaligen Zeitpunkt aus Sicht des CCC völlig ungeeignete Identifikationsverfahren zum Einsatz. Angreifer im Besitz eines eHBA können damit nicht nur Rezepte, sondern beliebige Dokumente signieren. Sie schafften es sogar, alle drei relevanten Karten, also Arztausweis (HBA), Betriebsstättenausweis (SMC-B) und elektronische Gesundheitskarte, jeweils über einen Dritten zu bestellen und an eine Wunschadresse liefern zu lassen.

Es ist also möglich, dass sich jeder »Interessierte« an der Telematikinfrastruktur beteiligen kann – und »Interessierte« gibt es genügend. Und denen wird es nicht sonderlich schwer gemacht. Die IT-Systeme von Arztpraxen sind keine unüberwindlichen Hürden. Vielmehr weisen sie eine Vielzahl an Sicherheitslücken auf. Das ist der Haken an der TI. Ein Netzwerk, und die TI ist ein eigenständiges Netzwerk, ist eben nur so sicher wie ihr schwächstes Glied. Ärzte fühlen sich schon seit geraumer Zeit im Stich gelassen und überfordert mit dem Aufbau einer teuren IT-Sicherheitsarchitektur. Auch andere TI-Akteure wie beispielsweise Apotheken sind längst noch nicht angeschlossen.

Es braucht keine hellseherischen Fähigkeiten, dass gerade jetzt, nach der Coronakrise, noch viel Zeit ins Land gehen wird, bis die

Softwarehäuser auch personell den Installationsaufwand schaffen können. Begonnen werden soll allerdings in der zweiten Jahreshälfte 2020 und zumindest die Kostenfrage ist seit Mai 2020 durch eine Vereinbarung zwischen GKV-Spitzenverband und DAV geklärt. Der Erstattungsbetrag für das TI Starterset, bestehend aus dem »eHealth Konnektor«, zwei stationären »eHealth Kartenterminals« sowie den notwendigen Smartcards wurde auf 3032 Euro festgelegt. Hinzu kommen Betriebskostenpauschalen, die nur teilweise erstattet werden. Ob das alles ausreicht, wird sich zeigen.

Zudem gibt es bereits jetzt massive Probleme mit der Funktionalität der TI. So konnten über mehrere Wochen hinweg Arztpraxen keine Verbindung mit dem Netzwerk herstellen. Die Konnektoren waren ausgefallen. Das System erlaubt aber kaum analoge Alternativen. So käme nach einem Bericht in *apotheke adhoc* bei einem vergleichbaren Störfall das System in Apotheken zum völligen Stillstand, was einer Katastrophe gleichkäme. Denn im aktuellen Entwurf der Gematik sei eine Offlinevariante des eRezeptes nicht vorgesehen. »Das bedeutet, dass Apotheken, deren Konnektor nicht mit der TI verbunden ist, keine eRezepte empfangen können«, wird ein IT-Spezialist zitiert. Notfallkonzepte scheinen also noch zu fehlen.

Jetzt könnte man, bei gutem Willen, immer noch sagen, das sind doch alles Kinderkrankheiten. Läuft das System einmal stabil, werden die Vorteile überwiegen. Ich würde gerne daran glauben. Aber: Gesundheitsdaten sind besonders begehrte Daten, die nicht nur für die Gesundheitsforschung verwendet werden. Es geht um Steuerung von Warenströmen, um gezielte Marketing- und Werbemaßnahmen. Es geht um viel Geld. An Anstrengungen, dieser Daten habhaft zu werden, wird es also nicht fehlen. Wie schnell Patienten dazu gebracht werden können, leichtfertig ihre Zustimmung zur Datenverarbeitung zu erteilen, wissen wir spätestens seit den AGBs, denen im Internet praktisch jeder zustimmt, ohne sie gelesen zu haben. Und damit sind wir beim eRezept.

Laut dem Patientendaten-Schutz-Gesetz (PDSG), das im April 2020 vom Bundeskabinett beschlossen wurde, soll es ab 2022 bis auf wenige Ausnahmen eine Pflicht zur Nutzung des eRezepts geben. Vermutlich wird es auch Anfang 2022 noch Menschen, vor allem ältere, geben, die technisch Probleme haben dürften, mit dem Smartphone QR-Codes zu scannen. Darüber hinaus stellt sich die Frage, wie Rezepte künftig überhaupt gesteuert werden. Zwar gibt es nach wie vor die freie Apothekenwahl, aber ein eRezept kann im Vergleich zum Papierrezept viel leichter an externe Versender, auch aus dem Ausland, oder an bestimmte Apotheken weitergeleitet werden.

Ein Segen für die Versandapotheken

Zunächst war es praktisch nicht möglich, dass ausländische Versender an der TI teilnehmen, weil sie sich dafür bei einer deutschen Landesapothekerkammer, bei der sie kein Mitglied sind, hätten anmelden müssen. Zumal sie auch eine Zugangsberechtigung für das eRezept benötigen. Dazu braucht es eine sogenannte Institutionenkarte (SMC-B) sowie einen elektronischen Heilberufsausweis (HBA). Beides gab es nicht für Anbieter aus dem Ausland.

Deshalb musste eine Lösung gefunden werden, was dem Bundesgesundheitsministerium gelang, wie der Branchendienst *apotheke adhoc* meldete: »Die Ausgabe der SMC-B-Card für EU-ausländische Apotheken wird auf die Gematik übertragen«, heißt es im Februar 2020. Und weiter: »Die Ausgabe elektronischer Heilberufs- und Berufsausweise sowie die Ausgabe von Komponenten zur Authentifizierung von Leistungserbringerinstitutionen an Leistungserbringerinstitutionen ... erfolgt durch die Gesellschaft für Telematik.« Also an den bisherigen Stellen vorbei.

Ein Segen für die ausländischen Versandapotheken.

Selbstredend haben gerade die Versandapotheken die Verpflichtung zum eRezept überschwänglich begrüßt. Seit jeher kämpfen die Versandapotheker in Deutschland und die Arzneimittelversender im EU-Ausland mit zwei fundamentalen Wettbewerbsnachteilen. Sie haben keinen direkten persönlichen Kontakt mit den Patienten und die Belieferung mit Arzneimitteln über den Versandhandel ist immer noch deutlich verzögert: weil die Patienten bei der Bestellung von rezeptpflichtigen Präparaten ihre Papierrezepte den Anbietern per

Post zukommen lassen müssen und die Auslieferung der Pakete meistens mehrere Tage dauert.

Für diese Probleme gab es in den letzten Jahren wiederholt seitens der Versandhändler »kreative« Lösungsansätze, die oft am Rande der Legalität angesiedelt waren und zum Teil gerichtlich abgeschmettert wurden. Darunter waren sogenannte Pick-up-Modelle, die in Drogeriemärkten betrieben wurden. Dort wurden Rezepte gesammelt, die Arzneimittel Tage später zur Abholung bereitgestellt. Es gab auch einen vollautomatischen Arzneimittelabgabeautomat mit integrierter Videoberatung. Der Fantasie waren da kaum Grenzen gesetzt. Denn bei allen Versuchen ging es für die Versandhändler letztlich darum, schneller und einfacher an die Rezepte zu kommen. Und dann kam die Pflicht zum eRezept – und zumindest ein Teil der Probleme schien gelöst. Mit der Einführung elektronischer Verordnungen kann wesentlich schneller und einfacher bei den Versandhändlern bestellt werden, selbst wenn die Belieferung noch immer ihre Zeit brauchen wird und Tage dauern kann. Über die Transportbedingungen (Temperaturschwankungen, mechanischer Stress usw.) und ihre Auswirkungen auf die gelieferten Arzneimittel kann nur spekuliert werden.

Politik und Versandhandel gehen Hand in Hand

Das eRezept wurde trotzdem zum Game Changer erklärt. Vor allem von ausländischen Versandhändlern wie beispielsweise der niederländischen Onlineapotheke DocMorris. Gerade DocMorris mit seinen weltweiten Finanzinvestoren im Hintergrund engagierte sich von nun an mit Geldern in dreistelliger Millionenhöhe. Einerseits soll die Öffentlichkeit mit einer massiven Werbekampagne auf das eRezept aufmerksam gemacht (und gleichzeitig auf die eigene Website geleitet) werden. Andererseits hat DocMorris im vergangenen Jahr mit zwei großen bedeutenden Ärzteverbänden Kooperationen geschlossen: dem Spitzenverband der Fachärzte (SpiFa), in dem sich rund 160000 Mediziner organisieren – sowie mit der Hausärztlichen Vertragsgemeinschaft AG, eine Dienstleistungsgesellschaft des Deutschen Hausärzteverbandes (DHÄV) und seiner Landesverbände.

Das Kooperationsprojekt mit den Fachärzten startet 2020 und wird über die Sanakey-Gruppe abgewickelt. Sanakey ist eine Unternehmensgruppe, die zum SpiFa gehört und vom ehemaligen FDP-Bundestagsabgeordneten Lars Friedrich Lindemann geleitet wird. Lindemann ist in Personalunion auch Hauptgeschäftsführer des Fachärzteverbandes. Und nun sollte das eRezept durchstarten. Während der Coronakrise frohlockte bereits der Bundesverband Deutscher Versandapotheken (BVDVA), dass mit dem eRezept »ungewollte Kontakte – und damit die Ansteckungsgefahr« minimiert würden. Die gestiegene Nachfrage in Zeiten der Pandemie sei, so der Verband, »ein deutlicher Beleg dafür, dass die Apotheken mit Versandhandelserlaubnis in Deutschland die Bedürfnisse der Patienten gerade in solchen schwierigen Phasen erfüllen. Hier zeigt sich nochmals, dass die Weiterentwicklung der Apotheke mit Einführung des Versandhandels 2004 eine wichtige und richtige Entscheidung war.«

Versandapotheken als Weiterentwicklung der Apotheke? Und das weil sie bevorzugt teure Medikamente verschicken, im Ausland kaum kontrolliert werden können, ungelernte Mitarbeiter einsetzen, ein Hochregallager betreiben, bis zu vier Tage für eine Lieferung brauchen?

Aus meiner Sicht ist es vielmehr so, dass sich in Krisenzeiten und gerade während der Coronapandemie, die Vor-Ort-Apotheken als unentbehrlich herausstellten. Beginnend beim kostenlosen Botendienst, Nacht- und Notdienst über persönliche Beratungsleistungen bis hin zur Herstellung von Desinfektionsmitteln, die aus industrieller Fertigung nicht mehr lieferbar waren, hat die Vor-Ort-Apotheke schnell und unbürokratisch geholfen. Das dezentrale Netz hat sich wieder einmal als deutlich stabiler Faktor unseres Gesundheitssystems bewährt. Die Versandapotheken hingegen kämpfen nur um bestimmte Marktanteile, um ohne großen Aufwand, mit einfachsten Mitteln und in kurzer Zeit Gewinn für ihre weltweiten Finanzinvestoren zu erzielen. Sie wollen und können keine Komplettversorgung der Bevölkerung leisten, untergraben dadurch aber das Gesamtsystem finanziell ohne Rücksicht auf eine gesicherte Arzneimittelversorgung. Dieses Medikamenten-Monopoly spielen sie mit freundlicher Unterstützung der lobbygesteuerten Politik.

Ran an die Daten!

Doch die Zeit spielt gegen uns. Die Zahl der Vor-Ort-Apotheken wird weiter sinken, weil Zentralisierung die unausweichliche Folge aller Digitalisierungsmaßnahmen ist. Zu den Gewinnern, die die fortschreitende Digitalisierung im Bereich der Arzneimittelversorgung produziert, zählen hingegen die Finanzinvestoren, denen es kaum mehr um die Patienten, sondern fast ausschließlich um für sie passende Versorgungsstrukturen und um Marktanteile geht.

Diese suchen rund um den Globus nach Investitionsmöglichkeiten, investieren sehr gerne in Sozialsysteme – oder genauer gesagt: in die Akteure, die aus funktionierenden Sozialsystemen ihren Profit ziehen wollen. Für sie ist die Digitalisierung geradezu die Grundvoraussetzung ihres Geschäftsmodells. Sie wollen Zentralisierung, Statistiken, detaillierte Kenntnisse des Gesamtmarktes und nicht personifizierte Einzelfälle. Sie brauchen schnelle Datenübermittlung und zentrale Datenspeicher. Entgegen den offiziellen Verlautbarungen haben sie nicht das Wohl der Patienten oder das Funktionieren des Gesamtsystems als Erstes im Blick, sondern ausschließlich Kundenzahlen, Umsatzhöhe und möglichen Gewinn. Ihnen reichen die chronisch Kranken, deren Versorgung einer ausgeklügelten Rosinenpickerei mit vergleichsweise geringem Aufwand entspricht. Sie arbeiten mit kostspieliger Werbung, mit kleinen und größeren Bestechungen, mit Boni und argumentieren mit Halbwahrheiten und Verdrehungen wie beispielsweise, dass der Versand von Medikamenten wichtig sei für die Versorgung der Landbevölkerung. Dabei versorgen die bestehenden Apotheken auch verkehrstechnisch etwas weniger gut angebundene ländliche Gegenden schon lange kostenlos. So gibt es deutschlandweit 1221 genehmigte Rezeptsammelstellen (Stand 2018), die im regelmäßigen Turnus von den umliegenden Präsenzapotheken per Botendienst mitversorgt werden. Die Rezepte werden meist am selben Tag beliefert und kompetente direkte Ansprechpartner gibt es auch. Zudem ist diese Form der Versorgung in § 24 der Apothekenbetriebsordnung klar geregelt, kann kontrolliert und wiederrufen werden – alles ganz im Gegensatz zu ausländischen Versendern.

»Eine Chance, auf die wir lange gewartet haben«

Ihre wahren Absichten offenbaren die großen Versender nur selten. Eine Ausnahme ist Walter Oberhänsli, der CEO von Zur Rose, dem in der Schweiz ansässigen Mutterkonzern verschiedener Versandhändler, zu dem auch DocMorris gehört. Oberhänsli äußerte sich geradezu euphorisch über die Wachstumschancen des Konzerns, die sich mit der Einführung des eRezeptes eröffnen würden: »Das ist eine Chance für uns, auf die wir lange gewartet haben.« Im Interview sagte er: »Steigt der Versandanteil auf fünf Prozent, könnten sich unter Annahme der bisherigen Quote die Umsätze auf eine Milliarde Euro steigern – und zwar schon kurz- bis mittelfristig.« Es ging ihm nur um Umsätze, über Patienten sprach er nicht. Und in der Coronazeit sah er sich auch nicht als Verlierer. »Covid-19 ist ein Impulsgeber für die Verschiebung in Richtung Versandapotheken und eRezept.« Eine Aussage, die sich leider zu bestätigen scheint.

Die Coronakrise hat gezeigt, wie anfällig unsere Arzneimittelversorgung durch die fortschreitende Zentralisierung geworden ist. Wie sehr, machten die fehlenden Atemschutzmasken und der Mangel an Desinfektionsmitteln, die, wenn überhaupt, nur noch zu Wucherpreisen besorgt werden konnten, ernüchternd deutlich. Denn das ist die Crux an der Sache: Zentrale Strukturen sind immer anfälliger als dezentrale. Das zeigte sich geradezu überdeutlich, als der Versandhandelsgigant Amazon in New York ein Lager schließen musste, weil ein Mitarbeiter an Covid-19 erkrankt war.

Zentralisierung reduziert nicht nur die Zahl der Versorgungs- und Ansprechstellen (hier: Apotheken), die in den Krisen- oder Katastrophenzeiten dann fehlen. Ihr Nichtfunktionieren in Ausnahmesituationen bestätigt immer wieder, dass eben nur dezentral schnell und flexibel reagiert werden kann. Unter anderem mit speziell in Zeiten von Fake News notwendiger Beratungsleistung wie beispielsweise zur angeblichen Verknappung von Paracetamol während der Coronakrise, als es die Apotheken brauchte, um aufzuklären und entgegenzuwirken. Oder mit fachgerechten Reaktionen auf Lieferengpässe durch verständlich erklärte Abgabe passender Vergleichspräparate oder durch eigene Produktion. Noch einmal: Eine Apotheke kann Desinfektionsmittel für Hände und Flächen herstellen, die industriell nicht mehr lieferbar sind. Solche und andere Leistungen können nur vor Ort und im direkten Gespräch mit dem Patienten erbracht werden.

Das Ende der Verschreibungspflicht?

Besonders gefährlich für die Arzneimittelsicherheit ist in diesem Zusammenhang die Kombination Telemedizin und eRezept. Telemedizin steht für eine ortsunabhängige Behandlung, für Online-sprechstunden. Der Patient sitzt zu Hause im Wohnzimmer, der Arzt in seiner Praxis. Um im Hinblick auf das eRezept Rechtsicherheit zu schaffen, heißt es im § 219a SGB V unter Absatz 5d, dass »die Verfahren schrittweise auf sonstige ärztliche Verordnungen und Verordnungen ohne direkten Kontakt zwischen Arzt oder Zahnarzt und Versicherten ausgedehnt werden sollen«. Das kommt einer Abschaffung der Verschreibungspflicht gleich. Denn nun kann ein Onlinearzt ohne direkten Kontakt mit einem Patienten ein digitales Rezept ausstellen, das ebenfalls digital (über eine App, die die Gematik entwickeln wird) an eine Versandapotheke weitergeleitet wird. Von dort werden die Arzneimittel ohne weitere Rückfragen per Paketdienst an den »Patienten« geliefert. Ohne persönlichen Kontakt.

Das heißt: Wer will, kann sich etwas bestellen.

Wie einfach verschreibungspflichtige Arzneimittel mit falschen Angaben bestellt werden können, hat im Jahr 2018 eine Arbeitsgruppe der Hochschule Kaiserslautern im Rahmen einer Studie untersucht. Inzwischen gibt es auch bereits einige Telemedizinanbieter, die nach einer Onlineberatung Privatrezepte ausstellen, die unter gewissen Bedingungen auch beliefert werden dürfen. Es steht zu befürchten, dass deren Zahl nach Umsetzung der Telematikinfrastruktur deutlich zunehmen wird.

Gerichtlich untersagt

In der Schweiz hat man die Gefahren erkannt und ist einen anderen Weg gegangen. Vor einigen Jahren war die Versandapotheke Zur Rose AG vom Schweizer Bundesgericht in die Schranken verwiesen worden. Das Schweizer Heilmittelgesetz verlangt auch beim Versand von rezeptfreien Medikamenten eine vorherige ärztliche Verschreibung. Diese setzt wiederum voraus, dass der Arzt den Patienten und seinen Gesundheitszustand kennt. Das Modell von Zur Rose sah vor, dass ein beauftragter Arzt das bestellte Medikament dem Kunden, ohne ihn persönlich zu kennen und nur auf Basis eines von ihm ausgefüllten Fragebogens, verschreibt. Dem Gericht reichte das nicht aus, es untersagte diese Praxis. In der Pandemiezeit wurde die Regelung nun für rezeptfreie Medikamente unter strengen Auflagen und befristet jüngst gelockert.

Die Pille selbst aussuchen

Wie ehrlich Fragebögen ausgefüllt werden, wenn man etwas haben will, mag jeder selbst beurteilen. Die Vorsichtsmaßnahmen seien zumindest teilweise äußerst dürftig. So beschreibt es jedenfalls eine Journalistin in einem Erfahrungsbericht in der *Neuen Westfälischen.* Aus den Portalen, die solche Dienstleistungen anbieten, wie zavamed.com, fernarzt.com oder medzino.com, hat sie sich zavamed.com ausgesucht, um dort ein orales Kontrazeptivum zu bestellen. Nach ihrer eigenen Schilderung musste sie lediglich ein paar Seiten eines Diagnosebogens ausfüllen, bevor sie ihre Bestellung aufgeben konnte. Darin seien akribisch alle relevanten Fragen aufgelistet gewesen, die auch der Gynäkologe stellen würde. Mit dem Ziel, als kerngesunde Patientin dazustehen, habe sie alle Fragen nach etwaigen Risikofaktoren abschlägig beantwortet. Ob das ebenso funktionieren würde, wenn sie einem Arzt direkt gegenübersitzen würde, zieht sie für sich selbst in Zweifel.

Schließlich habe sie sich ihre Pille aus über 50 Produkten aussuchen dürfen. Der Absender der Lieferung sei eine niederländische Apotheke gewesen. Auf der Rechnung hätten neben den Kosten für das Arzneimittel noch weitere neun Euro gestanden, »für etwas, das die Verantwortlichen doch allen Ernstes Sprechstunde« genannt hätten. Ihr Resümee lautete: Wir brauchen ein Rx-Versandverbot. Sie sah darin die einzige Möglichkeit für Politik und Aufsichtsbehörden, das Schlupfloch zu stopfen.

Das Rx-Versandverbot (RxVV)

Auch aus meiner Sicht sollten der Konsum, der Handel und die Qualität von verschreibungspflichtigen Arzneimitteln kontrolliert und bei Verfehlungen sanktioniert werden können. Das dient in allererster Linie dem Patientenschutz. Denn nicht wenige Patienten haben ganz spezielle Ansichten zu ihrer eigenen Behandlung, die aber oft nicht zielführend sind. Deshalb sind grenzüberschreitender Handel mit verschreibungspflichtigen Medikamenten und jede Form von verkaufsfördernder Werbung durch entsprechende Gesetze zu verbieten. Niederländische Versender sind durch deutsche Gesetze und Gerichte nicht oder nur schwer zu belangen – wie die Vergangenheit hinreichend belegt hat. Sie werden noch nicht einmal von den niederländischen Behörden kontrolliert, da sie dort keine Präsenzapotheke betreiben und nur ins »Ausland« liefern, so die dortige, etwas abstruse Argumentation. Sie sind »Außer Kontrolle«, wie Professor Schweim, der ehemalige BfArM-Präsident, unlängst in der *Deutschen Apothekerzeitung* titelte.

Doch unsere Politik will einen anderen Weg gehen – aus welchen Gründen auch immer. Vorgeschoben wird gerne die EU und deren Kampf für den freien Warenverkehr. Dabei ist laut EU-Vertrag Gesundheitspolitik Ländersache und andere europäische Länder sind tatsächlich einen anderen Weg gegangen. Der europäische Gerichtshof (EUGH) hat im Hinblick auf das Versandverbot zum Teil sehr wirtschafts- und handelsfreundliche Urteile gefällt, die aber, einen entsprechenden politischen Willen vorausgesetzt, gerade für das besondere Gut Arzneimittel anders geregelt werden könnten. Nicht so in Deutschland.

So hat Gesundheitsminister Jens Spahn praktisch im Alleingang und gegen eine Empfehlung im Koalitionsvertrag bisher ein Rx-Versandverbot (RxVV) verhindert. Obwohl nicht wenige Gesundheitspolitiker der Koalition für ein RxVV waren und sogar der Bundesrat ein solches forderte, wird es wohl nicht mehr kommen. Stattdessen verzettelte man sich in endlosen Diskussionen um eine neue Gesetzesvorlage (»Gesetz zur Stärkung der Vor-Ort-Apotheken«, mit inoffizieller Abkürzung VOASG), das den Vor-Ort-Apotheken an anderen Stellen Entlastung bringen sollte.

JENS SPAHN – DER MACHER?

Kurzbiografie (aus der Website des Deutschen Bundestages)

- *Geboren am 16. Mai 1980 in Ahaus; 1999 Abitur; 1999 bis 2001 Bankkaufmann; Studium der Rechts- und Politikwissenschaften, 2017 Master of Arts; 2001 bis 2002 Angestellter.*
- *Seit 1997 Mitglied der CDU; seit 2005 Vorsitzender des CDU-Kreisverbandes Borken; seit Dezember 2012 Mitglied des Bundesvorstands der CDU Deutschlands.*
- *Mitglied des Bundestages seit 2002; 2015 bis März 2018 Parlamentarischer Staatssekretär beim Bundesminister der Finanzen; seit März 2018 Bundesminister für Gesundheit.*
- *Jens Spahn war schon immer pfiffig und eloquent. Sein Eintrag in der Lobbypedia-Datenbank ist für sein Alter beachtlich (vgl. https://lobbypedia.de/wiki/Jens_spahn). Sein Selbstbewusstsein lässt ihn nach Höherem streben, wie seine wiederholten Bewerbungen um den Vorsitz der CDU (und die damit verbundene Kanzlerkandidatur) belegen.*
- *Spricht gern im Pluralis Majestatis (»Wir machen Tempo: für eine gute Pflege und digitale Lösungen – eine bessere Gesundheitsversorgung«) und kann mit 18 in der ersten Hälfte der Wahlperiode auf den*

Weg gebrachten Gesetzen eine stattliche Halbzeitbilanz als Bundes-gesundheitsminister vorweisen.

- *Versteht es, sich geschickt in Szene zu setzen und taktisch klug vorzu-gehen, verspricht künftige Wohltaten, um aktuellen Widerstand zu brechen, und kann auch spalten, wenn es gilt, seine Ziele zu verfol-gen. Hat die Standesvertreter der Apotheken von ihrer begründeten Forderung eines Versandverbotes für verschreibungspflichtige Arznei-mittel (= RxVV) weggelotst und mit einer Impfdiskussion (Apotheken sollen impfen) in einen sinnlosen Konflikt mit den Hausärzten geführt.*

- *Hält sich für den Modernisierer des Gesundheitswesens und ist ein großer Anhänger der neuen Religion der Digitalisierung. In vielem ähnelt er seiner Vorgängerin im Amt des Gesundheitsministers, Ulla Schmidt (SPD), die, rückblickend betrachtet, die Ursache nicht weniger akuter Probleme auch der Arzneimittelversorgung ist.*

- *Sollte mehr die wirklichen Notwendigkeiten einer sicheren Arznei-mittelversorgung in den Blick nehmen und damit den Bürgern dieses Landes (und nicht sich selbst) einen nachhaltigen Dienst erweisen.*

Auch die Standesvertretung der Apotheker (ABDA) gab kein gutes Bild während der Diskussionen ab, da sie hin- und hergerissen war zwischen dem sprichwörtlichen Spatz in der Hand, also dem VOASG und seinen finanziellen Versprechungen, und der Taube auf dem Dach, dem RxVV. Inzwischen wurden einige Regelungen des ur-sprünglichen Gesetzesentwurfs (VOASG) in andere Gesetze über-nommen und umgesetzt (zum Beispiel Honoraranpassungen wie die Erhöhung der Vergütung für die Abgabe und Dokumentation von Betäubungsmitteln). Der Kern des Entwurfes (Rx-Boni-Verbot und neue Dienstleistungen für die Apotheken) wartet noch immer auf seine Verabschiedung (Stand: Juni 2020). Der Abstimmungsprozess mit der EU-Kommission ist noch immer im Gang, die Gleichpreisig-keit verschreibungspflichtiger Arzneimittel noch nicht gesichert. Zu-nehmend wird inzwischen sogar die Rückkehr zum RxVV gefordert.

Ein besonderes Gut

Dabei hat man das eigentliche Ziel aller dieser Gesetze und Gesetzesentwürfe aus dem Auge verloren. Denn gerade, weil Arzneimittel ein besonderes Gut sind, ist auch der direkte und persönliche Kontakt zwischen Apotheke und Kunde wichtig. Vor Ort wird versucht, in allen Notfällen zu helfen, hier trägt man die ganze Verantwortung – Tag und Nacht, schnell und mitunter auch unbürokratisch. Hier haften die Handelnden mit ihrem gesamten Privatvermögen und verstecken sich nicht hinter GmbH- oder AG-Strukturen.

Im Fall der Apotheken gleicht gerade diese Verantwortlichkeit vor Ort den Bequemlichkeitsfaktor des Versandhandels mehr als aus.

Hinzu kommt, dass die deutschen Apotheken ohnehin seit Jahren einen vergleichbar guten Service anbieten. Auch hier können Patienten rund um die Uhr vorbestellen – per App, per Mail oder online. Häufig gibt es auch Botendienste, die nicht mobile Kranke zu Hause versorgen. Nur Rabatte oder Boni werden die Patienten bei den deutschen Apotheken nicht erhalten, weil es aus gutem Grund verboten ist, für verschreibungspflichtige Medikamente Rabatte zu geben. Absatzfördernde Maßnahmen, welcher Art auch immer, soll es für verschreibungspflichtige Arzneimittel nicht geben. Hier ist auch der Patient mit seiner Einsichtsfähigkeit gefordert: Will er selbst letztlich nicht zum Verlierer werden, sollte ihm Arzneimittelsicherheit wichtiger sein als ein Bonus.

Doch die Rahmenbedingungen setzt in Deutschland die Politik. Und wenn Fachleute wie Markus Leyck Dieken, also Pharmalobbyisten, hier zu Verantwortung kommen und mit der Umsetzung so zukunftsweisender Projekte wie der Telematikinfrastruktur beauftragt werden, dürfte weniger die Arzneimittelsicherheit im Mittelpunkt stehen als die Erschließung zukünftiger Geschäftsfelder. Unter Vernachlässigung der Fürsorgepflicht werden andere Ziele verfolgt: Es geht um Datenhandel und um die Steuerung der Vertriebswege, um zielgerichtete Werbemaßnahmen, um Zusatzumsätze und die Erhöhung der Gewinnmargen. Auch wenn immer wieder das Gegenteil behauptet wird, Arzneimittelsicherheit und Patienteninteressen stehen hierzulande nicht an erster Stelle.

Spiel Sieben

Gutachten

➡ Apotheken stören beim großen Geschäft.

➡ Gutachten: Gewünschte Ergebnisse werden begründet.

➡ Es reicht in Zukunft, wenn der Inhaber zu 39 Prozent Apotheker ist.

IM MEDIKAMENTEN-MONOPOLY SPIELT JEDER SEIN SPIEL. Keiner denkt an das Gesamtsystem und an die Auswirkungen des jeweiligen Handelns. Jeder sieht seinen Vorteil, will seinen Einfluss vergrößern. Weil es eben um Wirtschaft und nur am Rande um Arzneimittelsicherheit geht, können die Dinge für schwache und unaufmerksame Spieler, die nicht über eine entsprechende Lobby verfügen, auch ganz anders laufen.

Auch im Medikamenten-Monopoly wird mit allen Tricks gearbeitet.

Weihnachten 2017. Der perfekte Zeitpunkt, um einen harten Schlag auszuführen. Kurz vor den Feiertagen, am 21. Dezember, also mitten im stressigen Weihnachtsgeschäft und kurz bevor alle in den Urlaub verschwinden, wurde ohne Vorankündigung im Internet ein Gutachten veröffentlicht, das für ziemliche Aufregung bei den Apothekern sorgte. Auch meine Feiertage waren gründlich verdorben. Das Gutachten trug den Titel:»Ermittlung der Erforderlichkeit und des Ausmaßes von Änderungen der in der Arzneimittelpreisverordnung (AMPreisV) geregelten Preise.« Der Absender des Gutachtens: das Bundesministerium für Wirtschaft und Energie (BMWi), der Inhalt, grob zusammengefasst: Apotheken sind entbehrlich.

Diejenigen, die nach einem langen Arbeitstag die Zeit fanden, sich mit den Ausführungen dieses»Gutachtens« zu beschäftigen, waren ehrlich entsetzt. Aus der Lektüre ergaben sich zwangsläufig Fragen, die an die Substanz des beruflichen Selbstverständnisses gingen: Was kann eigentlich ein Apotheker? Was genau tut er? Wofür ist er da? Dem Gutachten nach blieb als Antwort nicht viel übrig.

Apotheker sind von jeher Heilberufler, was auch noch immer ihrer Ausbildung und den Studieninhalten entspricht. Und sie sind

Kaufleute, Händler. Wir haben einerseits einen heilberuflichen Versorgungsauftrag, der im Apothekengesetz und in der Bundesapothekerordnung verankert ist, und müssen uns innerhalb dieser Vorgabe in einem marktwirtschaftlichen Umfeld mit einer zunehmenden Konkurrenzsituation behaupten. »Konkurrenzsituation« heißt heute vor allem: im Medikamenten-Monopoly um seinen Gewinn, seinen Verdienst kämpfen zu müssen.

Dass ausgerechnet das BMWi uns betreut, verwundert etwas. Als Heilberufler sollten wir doch besser im Bundesgesundheitsministerium aufgehoben sein. Sind wir auch, aber eben auch im Wirtschaftsministerium. Unsere Zwitterstellung hat einige, auch skurrile Konsequenzen. Beispielsweise sind Apotheker Zwangsmitglied in zwei Kammern, der IHK und der jeweiligen Landesapothekerkammer, obwohl sich die Aussagen dieser beiden Kammern oft diametral widersprechen. Und eine weitere Folge dieser Zwitterstellung ist, dass das Bundeswirtschaftsministerium (BMWi) unsere Vergütung, also die Arzneimittelpreisverordnung (AMPreisV), regelt, während für alle anderen Regelungen rund um das Arzneimittel das Bundesgesundheitsministerium (BMG) zuständig ist. Zwischen den Ministerien kommt es deshalb immer wieder zu Kompetenzstreitigkeiten. Besonders gibt es im Wirtschaftsministerium schon lange Stimmen, die eine verbesserte Datenlage als Grundlage künftiger Entscheidungen zur Arzneimittelpreisverordnung fordern – aus betriebswirtschaftlicher Sicht versteht sich. Die Arzneimittelversorgung an sich ist eben nicht Sache des Wirtschaftsministeriums.

Drastische Kürzung

Grundsätzlich gilt: Weil Arzneimittel ein besonderes Gut sind, wird der Verkaufspreis der verschreibungspflichtigen Produkte gesetzlich geregelt (§ 78 AMG). Die Einheitlichkeit der Verkaufspreise soll den Preiswettbewerb auf Stufe der Apotheken verhindern und die Patienten vor übeteuerten Medikamenten, verkaufsfördernden Maßnahmen und willkürlichen, Notlagen ausnutzenden Preisen schützen. Gleichzeitig soll es Apotheken einen stabilen finanziellen

Rahmen bieten und die flächendeckende Versorgung sichern. Und um genau diesen geht es im Gutachten.

Statt der erhofften Erhöhung der Apothekenvergütung stand eine drastische Kürzung im Raum, offenbar gewollt von der Politik. Heute, mit etwas mehr zeitlichem Abstand, beschäftigt mich weniger der fehlerhafte Inhalt des Gutachtens als vielmehr die Frage, warum es dieses Gutachten überhaupt geben musste. Welcher Spielzug, welche Logik steckte hinter dieser Provokation?

Der Auftrag des BMWi zur Erstellung eines betriebswirtschaftlichen Gutachtens zur Apothekenhonorierung Anfang 2016 ging an die Beraterfirma *2hm*. Erklärtes Ziel war es, eine datenbasierte und damit belastbare, nachvollziehbare Entscheidungsgrundlage für zukünftige Änderungen der Arzneimittelpreisverordnung – der Vergütung also des pharmazeutischen Großhandels und der Apotheken – zu schaffen. Was nicht gelang, zumindest nicht aus naturwissenschaftlicher Sicht.

Die 356 Seiten des Gutachtens geben im Grunde nur eine betriebswirtschaftliche und politische Perspektive wieder – sehr zur Freude der Krankenkassen. Diese sahen im Gutachten eine Chance, die Apothekenlandschaft nach ihren Vorstellungen umzugestalten. Vor allem, weil eine Apotheke auf Basis des Gutachtens mindestens mehrere Zehntausend Euro pro Jahr verlieren würde.

Doch hier soll es gar nicht um die drohenden Einkommensverluste von Apotheken gehen. Die Folgen, die sich bei einer Umsetzung der Vorschläge einstellen würden, fielen in ihrer Wirkung – ohne dass das auch nur annähernd im Gutachten thematisiert wurde – viel grundsätzlicher aus.

DER APOTHEKER – EINE DEFINITION

- »*Der Apotheker ist berufen, die Bevölkerung ordnungsgemäß mit Arzneimitteln zu versorgen. Er dient damit der Gesundheit des einzelnen Menschen und des gesamten Volkes.*« (*Bundesapothekerordnung § 1*).
- »*Den Apotheken obliegt die im öffentlichen Interesse gebotene Sicherstellung einer ordnungsgemäßen Arzneimittelversorgung der Bevölkerung.*« (*Apothekengesetz (ApoG), § 1 Abs. 1*).

Arzneimittelpreis und Vergütung

Die Preisgestaltung für verschreibungspflichtige Arzneimittel war 2004 radikal umgestellt worden. Damit änderten sich auch die Vergütung der Apotheken und das Einkommen der selbstständigen Apothekenleiter. Bis dahin war die Vergütung der Apotheken prozentual vom Verkaufspreis der Arzneimittel abhängig. Neu am sogenannten Kombimodell war nun, dass es einen Fixzuschlag von 8,10 Euro je Arzneimittelpackung gab. Dies galt bei Verordnungen zulasten der gesetzlichen Krankenkassen abzüglich des gesetzlichen Kassenabschlages von zurzeit 1,77 Euro. Zudem einigte man sich auf einen niedrigen prozentualen Aufschlag von drei Prozent, der das Handlingsrisiko (zum Beispiel die Vorfinanzierung oder eventuelle Lagerverluste durch Bruch oder Verfall von Arzneimitteln) abdecken sollte.

Damit sollte den schnell steigenden Arzneimittelpreisen bei Originalpräparaten und den stark fallenden Preisen im Generikamarkt Rechnung getragen werden. Ziel war eine angemessene und weitgehend preisunabhängige Vergütung der Apotheker.

Leider hatte man vergessen, dass die laufenden Kosten für Miete und Gehälter auch bei Apotheken anstiegen. Nur einmal, im Jahr 2013, wurde der Fixzuschlag für verschreibungspflichtige Arzneimittel auf 8,35 Euro erhöht. Deshalb gingen die meisten Apotheken davon aus, dass sich fünf Jahre später die Zuschläge wieder erhöhen würden, nicht zuletzt, um die Versorgung sicherzustellen.

GESETZLICH GEREGELTE PREISE

- *Nach § 78 Abs. 2 AMG gilt: Die Preise und Preisspannen müssen den berechtigten Interessen der Arzneimittelverbraucher, der Tierärzte, der Apotheken und des Großhandels Rechnung tragen; zu den berechtigten Interessen der Arzneimittelverbraucher gehört auch die Sicherstellung der Versorgung.*

Doch Krankenkassen wollen und müssen sparen. Die Apothekenvergütung ist den Kassen schon lange ein Dorn im Auge, sie sind bei Einsparmaßnahmen selten zimperlich. Und dann kam das Gutachten zur »Ermittlung der Erforderlichkeit und des Ausmaßes von Änderungen der in der Arzneimittelpreisverordnung (AMPreisV) geregelten Preise«. Es beruht auf einer Onlinebefragung sowie statistischen Daten. Der beauftragten Beraterfirma ging es darum, die Arzneimittelpreisverordnung grundsätzlich neu zu ordnen, was in der Sache gründlich misslang, aber trotzdem nicht wirkungslos blieb.

Auf den ersten Blick hat das Gutachten einige positive Ansätze. Ziemlich präzise wurde sowohl der kaufmännische als auch der heilberufliche Anteil bei Apotheken ermittelt. Und das vor allem auch in Abgrenzung zu den Online- und Versandapotheken, die viele Versorgungsleistungen wie Notdienste, BTM-Belieferungen (Betäubungsmittel), parenterale Zubereitungen eben nicht erbringen, weshalb es auch weniger Geld für sie geben sollte. Dieses Verfahren erschien zunächst sinnvoll, hat aber, wie wir noch sehen werden, seine Tücken.

Gutachter ohne Detailkenntnis

Um jedoch eine wirklich angemessene Preisgestaltung vorzulegen, braucht es Wissen. Ein Vorhaben wie dieses setzt eine detaillierte Kenntnis der Vorgänge voraus und müsste konsequenterweise zu einer ebenso detaillierten Vergütung führen. Doch gerade diese detaillierte Kenntnis der Vorgänge fehlte den Gutachtern, was nicht wirklich überraschte und sich zum Beispiel am Ergebnis bei den parenteralen Zubereitungen zeigte: Insgesamt sollten 250 Millionen Euro allein bei der Zubereitung eingespart werden.

Ein theoretischer Ansatz ermöglicht eben keine Bewertung der Leistung bei der Herstellung parenteraler Zubereitungen. Ohne valide Daten, ohne das Prinzip einer patientenindividuellen Herstellung begriffen zu haben, die keine standardisierte Herstellung (Defektur) zulässt, ohne Kenntnis des Vieraugenprinzips als Sicherheitsnetz bei der Herstellung und der Probleme mit Instandhaltung und Betrieb eines Reinraumes, den Haltbarkeiten und Transportwegen der Wirkstoffe ist eine angemessene Kostenanalyse und damit Vergütungsberechnung schlicht nicht möglich.

Durch Festlegung pauschaler Herstellungszeiten wurden die anfallenden Kosten der parenteralen Zubereitungen einfach nach unten gedrückt. Vor allem die sogenannte Herstellpauschale (heilberufliche Komponente bei den parenteralen Zubereitungen) wurde so klein gerechnet, dass sie mit den tatsächlichen Kosten nichts mehr zu tun hat. Dabei wurden alle zu diesem Thema veröffentlichten seriösen Studien, die durchgehend eine Erhöhung der Herstellpauschale forderten, ignoriert. Auf der anderen Seite wurde die Vergütung für die kaufmännische Komponente (Warenhandling, Lagerhaltung usw.) deutlich angehoben. Unter dem Strich sollten aber trotzdem 250 Millionen Euro allein bei der Zubereitung der parenteralen Infusionen eingespart werden.

Auch insgesamt enthielt das Gutachten mit seiner trennscharfen Berechnungsmethodik nicht nur Rechenfehler und widersprüchliche Aussagen, es fußte auch auf falschen Bezugsgrößen und verfolgte vor allem einen völlig unangemessenen Ansatz: Die Apotheke wurde vergütungstechnisch nach Packungszahlen aufgeteilt, in eine OTC- und eine Rx-Apotheke.

OTC UND RX

- **OTC**: *Ein rezeptfreies Arzneimittel (englisch auch OTC-Arzneimittel für Over-the-counter drug), das nicht verschreibungspflichtig ist, trotzdem aber apothekenpflichtig sein, also nur in einer Apotheke käuflich erworben werden kann.*
- **RX**: *Verschreibungspflichtige oder Rx-Arzneimittel müssen ärztlich verordnet sein und werden in aller Regel von den Krankenkassen erstattet, während OTC-Medikamente fast immer vom Kunden selbst zu bezahlen sind.*

Mehrkosten für den Kunden

Jedenfalls stellten die Gutachter pauschal fest, dass rezeptpflichtige Fertigarzneimittel nur 39 Prozent der Packungseinheiten in den Apotheken ausmachen, ihr Umsatzanteil aber bei 80 Prozent liegt. Selbst wenn man diese Zahlen nicht anzweifelt, zeigen sie nur, wie stark die Preise für rezeptpflichtige Fertigarzneimittel in den letzten Jahren angestiegen sind.

Hinzu kommt, dass in den vergangenen Jahren Arzneimittel wiederholt aus der Rezept- und Erstattungspflicht (aber nicht aus der Apothekenpflicht) entlassen wurden, ebenfalls aus Kostengründen, sodass der Kunde tendenziell sowieso immer mehr selbst bezahlen muss.

Und dennoch erfüllen die Vor-Ort-Apotheken nach wie vor ihren Versorgungs- und Beratungsauftrag, sind in Fällen der Selbstmedikation die einzige persönliche Kontroll- und Auskunftsstelle. Der Kunde kann in der Apotheke die richtige Anwendung eines Medikaments erfragen und wird darüber hinaus in einigen Fällen wie beispielsweise bei Abführmitteln auch auf Folgen von Missbrauch oder falscher Anwendung hingewiesen. Und das nicht in Form einer Broschüre, sondern im direkten Kontakt. Die gesamte Palette an zusätzlicher Versorgungsleistung der Apotheken war vom Gutachten komplett außer Acht gelassen.

Nachdem nun aber, wie vom Gutachten festgestellt, eben nur 39 Prozent der Packungen über die Krankenkassen abgerechnet würden, hätten diese, so der Schluss, auch nur 39 Prozent der Kosten des Betriebs einer Apotheke zu begleichen, statt wie bisher rund 75 Prozent. Die Gutachter gingen also vereinfacht dargestellt davon aus, dass die Beratungsleistung bei der Abgabe eines verschreibungspflichtigen Medikaments der bei der Abgabe beispielsweise einer Packung Gummibärchen vergleichbar ist. Alles zusammen ergibt nach der Rechnung der Gutachter Einsparpotenziale für die gesetzlichen Krankenkassen bei öffentlichen Apotheken und den zuliefernden Großhandlungen von über 1,1 Milliarden Euro. Wie die Zukunft der Arzneimittelversorgung aussehen soll, war in diesem Zusammenhang für die Gutachter von keinerlei Belang.

Die Apotheke als Drugstore?

Denn die Versorgungsleistung der Apotheken zielt auf 100 Prozent der Bevölkerung und nicht auf 39 Prozent der Packungen. Denkt man den Weg der Gutachter zu Ende, müssten in Zukunft nur noch 39 Prozent der Apothekenangestellten pharmazeutisches Personal sein, der Inhaber müsste nur zu 39 Prozent ein Apotheker sein und alle gesetzlichen Anforderungen an Betrieb und Ausstattung einer Apotheke müssten nur zu 39 Prozent erfüllt werden. Dass nur deshalb so viele Arzneimittel aus der Verschreibungspflicht entlassen werden konnten, weil es die Apotheken mit ihrer Beratungskompetenz als letzte Instanz gab, wurde großzügig übergangen, um dann aber zu deren eigenem Nachteil umgedeutet zu werden. Würde man bei den Krankenkassen dieselbe Logik ansetzen, müssten nur noch kranke Menschen und diese auch nur während ihrer Krankheit Beiträge zahlen. Der Rest der Mitglieder nimmt die Leistungen der Krankenkassen ja nicht in Anspruch.

Die 39-Prozent-Argumentation aber einmal zu Ende gedacht, bleibt ein amerikanischer Drugstore übrig, der zum überwiegenden Teil aggressiv beworbene Selbstmedikationsarzneimittel anbieten und verkaufen würde – selbstverständlich ohne Beratung. Im hinteren Teil des Ladens gäbe es noch eine Luke für die Abgabe verschreibungspflichtiger Arzneimittel. Wobei die Verschreibungspflicht dank Telemedizin und Versandapotheken, die je nach Sitz mehr oder weniger unkontrollierbar wären, ohnehin über kurz oder lang praktisch aufgehoben sein würde. Arzneimittelsicherheit? Kein Thema mehr.

Das Gutachten aus dem Wirtschaftsministerium ist ein Angriff auf die Apotheken und die jetzige Form der Arzneimittelversorgung. Die klassische Apotheke als die letzte Barriere zwischen Pharmaindustrie samt ihrer Werbung und dem Kunden/Patienten soll aus dem Weg geräumt werden. Werden die Vor-Ort-Apotheken weiter geschwächt, müssen sie mehr rezeptfreie Medikamente verkaufen, um überleben zu können. Sie müssen mehr kommerzialisieren und können vor allem ihre ureigenste Beratungs- und Versorgungskompetenz nicht mehr unabhängig erbringen. In der Folge wird das Vertrauen der Kunden in die Institution Apotheke sinken. Und in die Lücke würden jene stoßen, die schon lange in den Startlöchern sitzen: Onlineapotheken, Versandhandel und Drogeriemärkte, die ihrerseits an der Apothekenpflicht nagen. Und vor allem auch die Pharmakonzerne selbst. Diese haben ein großes Interesse daran, dirckt mit den Endkunden in Kontakt zu kommen. Natürlich wollen sie offiziell nur die Compliance und Adherence, also die korrekte und bestimmungsgemäße Einnahme der verordneten Medikamente fördern. Dagegen kann wieder einmal niemand etwas haben, aber der Umsatz würde natürlich auch steigen. Ohne Apotheke als Puffer könnten sie direkt und einfacher ihre Kunden beeinflussen und manipulieren.

Vielleicht müssen sie diese Möglichkeit einfach auch nur abwarten.

Gewollte Systemänderung

Schon jetzt sinkt die Zahl der öffentlichen Apotheken kontinuierlich. Eine Teilkonsolidierung der Branche findet schon lange und ohne zusätzliche Maßnahmen statt. Selbst die Gutachter gingen von rund 7600 Apotheken aus, die bereits 2015 wirtschaftlich gefährdet waren. Hinzu kommt, dass Personalsuche für Apotheken immer schwieriger wird – auch weil das Tarifgehalt der pharmazeutisch-technischen Assistenten (PTA) und pharmazeutisch-kaufmännischen Angestellten (PKA) nicht mit den Löhnen mithalten kann, die von Industrie und selbst von öffentlichen Stellen (auch den Krankenkassen) bezahlt werden. Die Apothekenvergütung auch deswegen zu erhöhen, um so das bewährte Versorgungssystem zu stärken? Die Gutachter verloren nicht einen Gedanken daran, im Gegenteil: Sie wollten die Systemänderung. Um dafür politisch eine plausible Begründung, nämlich Einsparungen für die Krankenkassen, liefern zu können, musste der Verdienst je Packung sinken. Damit waren die Krankenkassen mit ihrem permanenten Wunsch nach Einsparungen mit an Bord.

Denn allein die Anzahl der Apotheken verursacht dem GKV-System keine unmittelbaren Kosten, da ihre Vergütung über die dort eingelösten Rezepte, also die Anzahl der von den Ärzten rezeptierten Packungen erfolgt. Sinkende Apothekenzahlen allein helfen also den Kassen nicht bei ihren Einsparzielen. Wobei der Wertschöpfungsanteil aller Apotheken ohnehin, laut ABDA, für 2018 nur etwa 2,2 Prozent der Gesamtausgaben der GKV ausmacht. Nur zum Vergleich: Allein die offiziellen Verwaltungsausgaben der GKV-Krankenkassen liegen bei 4,8 Prozent.

Und trotzdem hat sich in den Köpfen der Krankenkassen der Gedanke eingebrannt, dass auf die Leistungen der Apotheken zumindest in Teilen verzichtet werden könnte. Sie wollen die Arzneimittelversorgung weiter zentralisieren und setzen weiter auf Einsparungen. Über die langfristigen Folgen machen sie sich nur wenig Gedanken. Durch ihre beharrliche Forderung, das Apothekensystem und seine Honorierung zu hinterfragen, haben sie dem Bundeswirtschaftsministerium letztlich die Begründung geliefert, dieses Gutachten in Auftrag zu geben.

All diese Wirtschaftlichkeitsprüfungen lassen aber offen, wer in Zukunft den Versorgungsauftrag für Arzneimittel erfüllen soll. Wer den Menschen mit kompetentem Rat und effizienter Tat in Krisenzeiten helfen und unabhängig zu Arzneimittelfragen beraten soll. Solche grundlegenden Fragen wie auch die, wohin fehlendes Vertrauen bei der Arzneimittelversorgung führen wird, hat das Gutachten weder gestellt noch beantwortet.

Man muss auch abraten können

Denn stiege, wie vom Gutachten gefordert, künftig die Bedeutung des OTC-Bereiches für die Vergütung der Apotheken, müsste darin auch mehr und teurer verkauft werden, um eine Apotheke in ihrer jetzigen Form finanzieren zu können. Genau in diesem Bereich ist allerdings der Preisdruck durch die deutlich weniger regulierten Versandapotheken groß, sodass die Zahl der Apotheken also drastisch weiter sinken und sich vermutlich das Erscheinungsbild der verbliebenen deutlich ändern würde. Aus meiner Sicht wesentlich bedeutsamer für die Arzneimittelsicherheit wäre aber der komplette

Verlust der bisherigen finanziellen Unabhängigkeit der Apotheken. Die grundlegende Aufgabe der Apotheken in der Arzneimittelversorgung ist es, ihre Kunden in deren Interesse versorgen und jederzeit kostenlos beraten zu können. Genau dieses Vertrauen würde durch eine Erhöhung des Verkaufsdrucks zerstört werden. Im Klartext: Ein Apotheker muss in der Lage sein, selbst Medikamente herzustellen, in einigen Fällen vom Kauf abzuraten und dadurch auf Umsatz zu verzichten.

Gerade mit der Stärkung des kaufmännischen Anteils (prozentualer Aufschlag auf die Arzneimittel) fördern die Gutachter den Versandhandel, der deutlich weniger reguliert ist und über Skalierungseffekte deutlich niedrigere Kosten hat. Kein Nacht- und Notdienst, keine zeitaufwendigen Rezepturen, keine Betäubungsmittelrezepte, keine langen Kundengespräche, stattdessen eine anonyme, oft besetzte Hotline – wenig erstaunlich, dass ein Versandhandel kostengünstiger arbeiten kann als eine normale Apotheke. Automatisierte Hochregallager und Verpackungsstraßen sind langfristig leichter zu finanzieren als hochqualifiziertes pharmazeutisches Personal. Trotzdem würde, gemäß Gutachten, sowohl der Versandhandel als auch die Vor-Ort-Apotheke den gleichen kaufmännischen Aufschlag für das Warenhandling bekommen. Die Einsparungen würden nur auf der heilberuflichen Seite erfolgen, also der Seite, die den Versandhandel kaum betrifft.

Warum also das Gutachten?

Entfernt man sich vom Inhalt des gerade besprochenen Gutachtens, verbleiben seine Rollen als Provokation und extremes Statement. Finanzkräftige oder geschickte Spieler versuchen, mit diesen häufig sehr umfangreichen Werken, in eine laufende Diskussion einzugreifen und so den künftigen Weg zu beeinflussen. Sie treten dabei nicht immer selbst in Erscheinung, sondern lassen eine externe Consultingfirma sprechen. Letztlich geht es nicht um den exakten Inhalt des Gutachtens, seine innere Logik, sondern um seine Aussagen in der Zusammenfassung. Vielfach bleiben die wahren Intentionen eines derartigen Gutachtens ungenannt. Jetzt ist das Bundeswirtschaftsministerium normalerweise relativ unverdächtig, veröffentlicht und beauftragt es doch immer wieder Gutachten zu relevanten Themen. Trotzdem ist es offensichtlich, dass dieses Gutachten Position bezieht, ohne diese Position schlüssig zu begründen.

Es bleiben zwei Möglichkeiten: Entweder hat man sich in seinen eigenen Zahlen verheddert und unabsichtlich falsche Schlüsse gezogen. Oder das Ergebnis stand schon vorab fest und man versuchte die Zahlen so gut wie möglich anzupassen – was einer politischen Intention gleichkäme. Oder anders ausgedrückt: Das Gutachten wäre ein Spielzug im großen Monopoly der Arzneimittelversorgung.

Fest steht jedenfalls, dass sich hier der kurzfristige Einsparwille der Krankenkassen mit der langfristigen Gewinnmaximierungsstrategie der Pharmaindustrie gegen die traditionellen Apotheken verbündet hat. Ein hinderliches Regulativ der Arzneimittelsicherheit soll verschwinden. Das hier mit harten Bandagen gespielte Medikamenten-Monopoly ist nicht nur nicht fair. Es ist vor allem nicht zukunftsorientiert und nicht auf Krisensicherheit angelegt. Nur der Gesetzgeber, egal ob Wirtschafts- oder Gesundheitsministerium, kann solchem finanzgetriebenen Treiben durch kluges Setzen von Rahmenbedingungen Einhalt gebieten – und sollte es auch tun. Denn die Zukunft unserer Arzneimittelversorgung ist eine gesamtgesellschaftliche Entscheidung und sicher nicht alternativlos. Vielleicht hat die Coronakrise dem einen oder anderen die Augen geöffnet ...

Spiel Acht

Foulspiele

➡ Richtig Kasse machen mit einer maroden Klinik und einem Onkologen kurz vor dem Ruhestand.

➡ Korruption ist verboten, aber Incentives müssen sein.

➡ Standortwahl: Steuervorteile sind wichtiger als die Versorgungssicherheit.

AM 17. DEZEMBER 2019 durchsuchten rund 480 Polizisten und sechs Staatsanwälte die Hamburger Firma Zytoservice und gut 50 Objekte im Umfeld des Unternehmens, darunter Arztpraxen, Apotheken, ein Krankenhaus und mehrere Privat- und Firmensitze. Es war die größte Razzia, die je in Hamburg von der Wirtschaftsstaatsanwaltschaft angeordnet wurde. Es ging um Bestechung und Betrug, um Kickback-Zahlungen an einzelne Ärzte, um »rückzahlungsfreie Darlehen, Nutzung luxuriöser Fahrzeuge oder andere geldwerte Zuwendungen«. Und wieder einmal ging es um parenterale Zubereitungen – um individuell hergestellte Infusionen für Krebspatienten.

In Deutschland dürfen parenterale Zubereitungen ausschließlich von speziellen Apotheken oder von sogenannten Rezepturherstellbetrieben mit einer Herstellungserlaubnis nach § 13 AMG hergestellt werden. Die Rezepturherstellbetriebe fungieren dabei als Lohnhersteller für Apotheken. Sie stellen nach eigenen Angaben unter höchsten Qualitäts- und Sicherheitsanforderungen patientenindividuelle parenterale Infusionslösungen her, die über Apotheken zur Anwendung abgegeben werden. Was klingt, als sei es klar geregelt, hat längst für mehr oder weniger kriminelle Auswüchse gesorgt. Vor allem mit manchen Medizinischen Versorgungszentren (MVZ) wird getrickst und gefoult, es geht aber auch um gekaufte Onkologen, um Firmensitze auf den Cayman Islands und vor allem um Finanzinvestoren, die in der Krebsbehandlung ein lukratives Spielfeld sehen.

MEDIZINISCHE VERSORGUNGSZENTREN

- *Medizinische Versorgungszentren (MVZ) sind rechtlich verselbstständigte Versorgungseinrichtungen, in denen mehrere Ärztinnen beziehungsweise Ärzte unter einem Dach zusammenarbeiten. MVZ können von zugelassenen Ärztinnen und Ärzten und zugelassenen Krankenhäusern, von Erbringern nicht ärztlicher Dialyseleistungen, gemeinnützigen Trägern und anerkannten Praxisnetzen gegründet werden. Darüber hinaus besteht auch für Kommunen die Möglichkeit, MVZ zu gründen und damit aktiv die Versorgung in der Region zu verbessern. Die Leitung eines MVZ muss in der Hand eines Arztes liegen, der in dem MVZ selbst tätig und in medizinischen Fragen weisungsfrei ist. MVZ können sowohl als fachübergreifende als auch als arztgruppengleiche Einrichtungen betrieben werden. Das bedeutet, dass auch reine Hausarzt-MVZ sowie spezialisierte facharztgruppengleiche MVZ möglich sind.*

- *Die Sicherstellung einer guten medizinischen Versorgung setzt Versorgungsstrukturen voraus, die den Vorstellungen der Ärztinnen und Ärzte von ihrer Berufsausübung Rechnung tragen. Neben dem Bekenntnis zur Freiberuflichkeit der Heilberufe ist daher auch dem Wunsch vieler insbesondere junger Medizinerinnen und Mediziner nach einer Tätigkeit in einem Angestelltenverhältnis gerecht zu werden.*

Es geht nie um den Patienten – nie!

Es gibt sie immer, diese Spieler, die besondere Taktiken anwenden, die sich für schlauer als alle anderen halten und die nicht selten am Rande der Legalität vorgehen. Meist hinkt die Politik den Entwicklungen hinterher oder hat nur wenig Interesse an besseren Regelungen. Manchmal schafft sie absichtlich oder unabsichtlich Interpretationsspielräume auch selbst. Und leider ist die Aufklärungsquote in diesen Graubereichen nicht besonders hoch. Schließlich gibt es genügend Anwälte, die sich gerade auf die Auslegung von unklaren Gesetzen im Arzneimittelbereich spezialisiert haben und die für entsprechende Honorare fast jedes Verfahren zumindest endlos in die

Länge ziehen können. Diese Anwälte liefern oft schon im Vorfeld einer neuen, umstrittenen Geschäftsidee die notwendige juristische Begründung.

Alle Foulspiele folgen der Eingangsthese und sind finanziell getrieben. Nie geht es dabei um den Patienten – auch wenn oft etwas anderes gesagt wird. Und selten wird ein Foulspiel öffentlich. Manchmal jedoch werden auch sehr schlaue Spieler zu gierig, spielen zu oft foul und plötzlich, oft erst nach Jahren ihrer Tätigkeit, ploppt das Geschäftsmodell in den Medien auf, wird zum Skandal und zumindest beginnen dann Ermittlungen.

Wie im Fall Zytoservice.

WER STECKT HINTER ZYTOSERVICE?

- *Zytoservice wurde 2002 in Hamburg gegründet und ist einer der Marktführer unter den Herstellbetrieben von Zytostatika-Zubereitungen. Zytoservice betreibt inzwischen vier Herstellbetriebe in Deutschland und ist Mitglied der Altana Health Group, die nach eigenen Angaben ein innovatives und wachsendes Gesundheitsunternehmen ist, das die pharmazeutische Herstellung von patientenindividuellen Infusionslösungen, die Distribution von Arzneimitteln und Medizinprodukten, ambulante und stationäre Patientenversorgung und die Durchführung medizinischer Studien anbietet. Geschäftsführer der Altana Health Group sind unter anderem Thomas D. Boner und Enno Scheel, zwei Apotheker, die schon zu den Gründern von Zytoservice gehörten.*
- *Enno Scheel ist zurzeit auch Präsident des Bundesverbandes der Rezeptur Herstellbetriebe e. V. (BRH), der die Interessen der Rezepturherstellbetriebe mit einer Herstellungserlaubnis nach § 13 Abs. 1 AMG in gesundheitspolitischen und behördlichen Fragestellungen sowie bei Herstellungs- und Verfahrensthemen insbesondere zu Qualität, Sicherheit und Gesetzeskonformität vertritt.*

Infusionen sind ein Milliardengeschäft

Trotz vieler Reglungsversuche in den vergangenen Jahren sind die parenteralen Zubereitungen nach wie vor ein äußerst lukrativer Markt. Es geht um fast 4,5 Milliarden Euro, die allein in Deutschland bei den gesetzlichen Krankenkassen im Jahr 2019 abgerechnet wurden. Damit liegt der Marktanteil an allen abgerechneten Arzneimitteln bei 9,3 Prozent. Der Markt ist aber nicht nur umsatzmäßig groß, er hat noch eine weitere Besonderheit: Die Fertigarzneimittel, die als Ausgangsprodukte für die parenterale Herstellung verwendet werden, dürfen, ja müssen zum Teil stark rabattiert, also außerhalb der Arzneimittelpreisverordnung, eingekauft werden. Abgerechnet wird nach der Hilfstaxe Anlage 3, die erhebliche Rabatte für die Krankenkassen vorsieht, wie im Spiel »Verwürfe« geschildert.

Der Gesetzgeber erlaubt und fordert seit dem Inkrafttreten der 15. AMG-Novelle Großhändlern, pharmazeutischen Unternehmern sowie spezialisierten Apotheken und Rezepturherstellbetrieben die Annahme und Gewährung von Barrabatten. Hintergrund dürfte gewesen sein, dass die Krankenkassen von den enormen Rabatten, die von den pharmazeutischen Unternehmen den Krankenhausapotheken gewährt wurden, wussten. Die Arzneimittelpreise für den Krankenhausmarkt unterscheiden sich schon lange deutlich von den Preisen im ambulanten Markt. Sie sind viel niedriger, weshalb die beiden Märkte auch strikt getrennt werden müssen. Zum Teil werden eigene Packungsgrößen für die Krankenhausapotheken hergestellt, die nur dort vertrieben werden. Trotzdem kommt es immer wieder zu Vermischungen der beiden Märkte – ein weiterer Graubereich, den schlaue Spieler geschickt ausnutzen. Auch Krankenhäuser konnten gut verdienen, wenn sie Klinikware außerhalb der gesetzlichen Möglichkeiten des Apothekengesetzes (§ 14, Abs. 7) im ambulanten Bereich einsetzten.

Die Pharmaindustrie geht bei der Trennung der beiden Märkte unter anderem von der Überlegung aus, dass gerade schwer kranke Patienten in Krankenhäusern erstmalig medikamentös eingestellt werden und niedergelassene Ärzte die vorgegebene Medikation bei der Weiterbehandlung beibehalten. Die niedrigen Preise im Krankenhausmarkt sind also eine Art industrielle Werbemaßnahme, oder anders ausgedrückt: Der ambulante Markt subventioniert mit seinen höheren Preisen die Krankenhäuser in einem gewissen Maße quer. Mit der 15. AMG-Novelle sollen vor diesem Hintergrund mehrere Hundert Millionen Euro für die Krankenkassen eingespart werden. Denn ohne mögliche Rabattierung im ambulanten Bereich, so die Überlegung, hätten die herstellenden Apotheken keine Motivation (und auch keine einfache Möglichkeit), zu rabattierten Preisen einzukaufen, die dann von den Krankenkassen, zumindest teilweise, für sich abgeschöpft werden können.

Finanzgetriebene Gründung von Herstellbetrieben

Die Gründung von Rezepturherstellbetrieben wurde ebenfalls durch verschiedene Gesetzesänderungen ausgelöst. Vor der 15. AMG-Novelle war die Rabattierung verschreibungspflichtiger Arzneimittel, die der AMPreisV unterlagen, für Apotheken fast vollständig verboten worden. Vom Rabattverbot ausgenommen waren damals nur Barrabatte, die Krankenhausapotheken und eben Rezepturherstellbetriebe erzielen konnten. Rezepturherstellbetriebe spielten vor der Planung dieser Gesetzesänderungen keine Rolle, wurden dann aber umso schneller gegründet. Man wollte an die Rabatte. So war schon das Entstehen der Herstellbetriebe eine Maßnahme schlauer Spieler, um trotz damaligen Verbotes Rabatte legal erzielen und damit ihre Gewinne steigern zu können. So ganz nebenbei zeigt dieser Vorgang auch die Verwirrung der Politik, die innerhalb von fünf Jahren zu radikalen Richtungswechseln führen kann. Zuerst werden Rabatte verboten und dann wieder eingeführt – beides mit dem Ziel, Einsparungen zu erreichen.

Zurück zu Zytoservice: Zunächst ging es dem Unternehmen darum, an ausreichend viele Onkologen zu kommen, die über ihre Apotheken von ihren Herstellbetrieben gelieferte parenterale Zubereitungen bezogen. Die Qualität, also Wirksamkeit und Unbedenklichkeit der Infusionsbeutel zum Zeitpunkt der Anwendung am Patienten, spielte keine Rolle. Die Länge der Transportwege oder

Haltbarkeitsangaben der Fachinformationen interpretierte man kreativ – und kontrolliert wurde von den Aufsichtsbehörden ohnehin nur die Qualität der Herstellung an sich. Die orientierte sich am europäischen Industriestandard GMP (Good Manufacturing Practice) und ist normalerweise in Ordnung.

Wie aber überzeugt man Onkologen, ihre Belieferungswege zu ändern? Man braucht einen guten Plan und viel Geld. Geld war bei Zytoservice genügend vorhanden. Seit 2007 setzte der Herstellbetrieb auf externe Kapitalgeber, zuletzt den Finanzinvestor IK Investment Partners. Mit diesem finanziellen Background finanzierten sie einen aggressiven Expansionskurs, kauften Konkurrenten, expandierten in die Niederlande, engagierten sich in der Versorgungsforschung und der pharmazeutischen Klinikversorgung.

Mit dem Apothekerverbund, der Antares-Gruppe, »betreuten« sie von Hamburg aus 80 Krankenhäuser mit insgesamt 8000 Betten. Vor allem aber gründeten sie MVZ. Und damit begann das äußerst geschickt betriebene Foulspiel. Um auf dem heiß umkämpften Markt der Zytostatika-Versorgung zu bestehen, galt es offensiv Onkologen anzusprechen, mit dem Ziel, deren Praxis in ein vom Hersteller mitgetragenes Medizinisches Versorgungszentrum (MVZ) einzubringen und so deren Bestell- und Verordnungsverhalten steuern zu können. Offensiv ansprechen heißt in diesem Fall: mit lukrativen Angeboten locken.

Hierfür galt es allerdings äußerste Vorsicht walten zu lassen. Seit 2016 ist eine strenges Antikorruptionsgesetz auch für Freiberufler eingeführt. Waren früher »Geschenke« und Gegenleistungen im Pharmabereich gang und gäbe, drohen nun Geld- oder Freiheitsstrafe, in besonders schweren Fällen von bis zu fünf Jahren. Natürlich war es auch zuvor nicht in Ordnung, finanzielle Gegenleistungen für Verordnungen anzunehmen – jetzt aber war es ein Straftatbestand. Vorher gab es Berufsordnungen oder Verhaltenscodices – jetzt drohte Gefängnis. Einfach den Geldkoffer beim turnusmäßigen Vertreterbesuch in der Praxis zu vergessen oder zinslose Darlehen zu gewähren, wie früher zumindest gerüchteweise üblich, war nun in jedem Fall zu gefährlich.

Aber gerade MVZ-Strukturen boten eine rechtlich kaum zu bean-
standende Möglichkeit für ein lukratives Angebot – in diesem Fall
an Onkologen. Das hatte der Gesetzgeber übersehen, als die einstige
Bundesgesundheitsministerin Ulla Schmidt (SPD) begann, die medizinische Versorgung stärker aus einer Hand zu organisieren. Die
Anfang des Jahrtausends regierende rot-grüne Koalition förderte
die Zusammenarbeit von Ärzten, Therapeuten und anderen Heilbe-
ruflern in medizinischen Versorgungszentren (MVZ). »Als Vorbild
dienen dafür die brandenburgischen Gesundheitszentren wie auch
die Polikliniken der ehemaligen DDR«, sagte Ulla Schmidt damals.
Der Patient profitiere in diesen Zentren davon, »dass sich die Ärzte
miteinander abstimmen, dass Doppeluntersuchungen vermieden
werden und letztlich von den kurzen Wegen unter einem Dach«.
Zudem könnten Ärzte in diesen Zentren »auch als Angestellte beschäftigt« werden. »Damit müssen sie sich nicht«, so Schmidt, »dem
unternehmerischen Risiko einer eigenen Praxis aussetzen.«

Warum nicht eine marode Klinik kaufen?

Das heißt: Um ein MVZ zu gründen, braucht man als Apotheker/
Finanzinvestor ein Krankenhaus. Nur so können sich eigentlich nicht
vorgesehene Betreiber indirekt an einem MVZ finanziell beteiligen.

Nichts leichter als das. Von Finanzinvestoren ausgestattet mit dem
notwendigen Kapital wurden zunächst beliebige, auch marode Krankenhäuser gekauft. Zytoservice erwarb beispielsweise die finanziell
angeschlagene Hamburger SKH-Stadtteilklinik in Mümmelmanns-
berg. Insgesamt soll Zytoservice mithilfe dieser kleinen Hamburger
Klinik mindestens 15 MVZ in ganz Deutschland gegründet haben.
Außerdem sollen mit bis zu siebenstelligen Beträgen Arztsitze von
Onkologen gekauft worden sein. Die bisherigen, oft schon kurz vor
dem Ruhestand stehenden Inhaber wurden mit üppigen Gehältern
ausgestattet und weiterbeschäftigt. Alle Beteiligten schienen zufrieden, fast alle. Denn es gibt immer eine Apotheke vor Ort, die
finanziell darunter leidet, wenn eine Onkologiepraxis abspringt
und die anschließend einen nutzlosen Reinraum abwickeln und

Mitarbeiter entlassen muss. Und da die ganze Konstruktion erfolgs-orientiert aufgebaut ist – erfolgsorientiert für die Finanzinversto-ren –, ist die Chance groß, dass sich auch für Patienten Nachteile ergeben. Der Umsatz soll steigen, die Rendite stimmen, also zahlen sich unter anderem sinnbefreite Mehrbehandlungen aus.

Die *Welt am Sonntag* hat unlängst diesen »historischen Wan-del« im Gesundheitssystem nachgezeichnet. Danach arbeiten rund 18 000 der insgesamt 94 000 Fachärzte, die Kassenpatienten versor-gen, als Angestellte in einem MVZ. Von denen gehörten inzwischen 4100 zu bundesweiten Arztketten. Und ganz gleich, ob Augen- oder Zahnärzte – hinter fast jedem sechsten Zentrum stehen laut *Welt am Sonntag* Investorenfirmen, teils mit Sitz in Steueroasen wie den Cay-man Islands. Das Problem dabei sei, dass die Besitzer der MVZ ih-ren Behandlungszentren feste Gewinnziele setzen. Das führe die dort angestellten Ärzte offenbar in Versuchung, Patienten aufwendiger zu kurieren als in herkömmlichen Praxen – vor allem mit gewinnträch-tigen Eingriffen, die wenig Aufwand erfordern, wie beispielsweise ambulante Operationen am Grauen Star.

Die angestellten Ärzte hätten dabei weniger Skrupel als niederge-lassene, da sie häufig den Arbeitgeber wechselten und nicht bis zur Rente immer wieder denselben Menschen in ihren Wartezimmern begegneten. Die Staatsanwaltschaft ermittle bereits bei einer Kette von Augenärzten, wo sich allerdings Schwierigkeiten bei der Beweis-führung zeigen: Ein Anwalt der Firma äußerte gegenüber der *Welt am Sonntag,* dass einige angestellte Ärzte »in Form variabler Vergü-tungsbestandteile« bezahlt würden, also mehr verdienten, wenn sie mehr operierten. Dennoch seien die Vorwürfe der Staatsanwaltschaft »vollumfänglich falsch«. Es gebe keine »abschließenden objektiven Kriterien« für eine OP am Grauen Star und die Entscheidung liege beim Patienten.

Ähnlich lief und läuft es bei den Zahnärzten. Bereits 2018 berich-tete die *Süddeutsche Zeitung* über Zahnarztketten, die sich lukrative Standorte aussuchen würden und laut Zahlen der Kassenzahnärzt-lichen Bundesvereinigung (KZBV) auch höhere Kosten verursachen würden als herkömmliche Praxen.

KAFFEERÖSTER MIT ZAHNMEDIZINISCHEM EINSATZ

- *Das Geschäft mit den MVZ lockt viele Investoren. Laut* Spiegel *hat die Jacobs Holding AG, das milliardenschwere Erbe des Kaffee-Imperiums, in die Colosseum Dental GmbH investiert, ein Zahnarzt-MVZ. Die Meldung kam 2018 und zeigte, dass auch die Zahnmedizin, unterstützt von Kapitalgebern, auf Effizienz und Umsatz getrimmt werden soll. Nach Angaben des* Spiegels *kam die Colosseum Dental Group bereits 2018 auf mehr als 230 Kliniken mit rund 1000 Zahnärzten in sieben Ländern.*

Warum ist das MVZ-Foulspiel möglich?

Ulla Schmidt hat, ähnlich wie der heutige Bundesgesundheitsminister Jens Spahn (CDU), eine Reihe von tiefgreifenden Einschnitten in unser Gesundheitswesen zu verantworten. Nehmen wir zu ihren Gunsten an, dass sie in bester Absicht handelte. Aber viel arbeiten bedeutet eben auch Fehler machen. Und Ulla Schmidt hat bei der Umsetzung ihrer Idee mit den MVZ drei schwerwiegende Fehler gemacht, weil sie mögliche Entwicklungen falsch einschätzte:

1. Durch die Niederlassungsbeschränkung für kassenärztliche Sitze und die damit einhergehende Verknappung sind Arztsitze wertvoll. Die Versuchung für ältere Mediziner, kurz vor der Rente entsprechend Kasse zu machen, wird dadurch angereizt. Das gilt besonders für onkologische Schwerpunktpraxen.

2. Eine Beschränkung von MVZ auf einzelne Fachgebiete wäre sinnvoll gewesen, um zu verhindern, dass, wie jetzt möglich, eine kleine psychosomatische Klinik für die Gründung eines bundesweiten onkologischen MVZ ausreicht.

3. Noch wichtiger wäre jedoch eine Begrenzung von MVZ auf die jeweilige Region gewesen. Dass eine kleine Hamburger Klinik im ganzen Bundesgebiet an mindestens 15 MVZ beteiligt ist, ist schlicht Unfug. Für die tägliche Arbeit hat diese Beteiligung praktisch keine Bedeutung. Es wird damit nur die Formalie erfüllt, dass ein Krankenhaus beteiligt sein kann.

So viel scheint beim MVZ-Foulspiel sicher zu sein: Besser für die Patienten ist ein überregionales MVZ nicht. Zusammenarbeit findet offensichtlich mehr aus finanziellen Erwägungen als aufgrund medizinischer Notwendigkeiten statt. Wenn Finanzinvestoren mit an Bord sind, die weltweit agieren, lässt sich schwer ein direktes Interesse am Wohlergehen des einzelnen Patienten unterstellen.

Verschwendung von Mitgliedsbeiträgen durch Pseudowettbewerb

Grundsätzlich verwalten Krankenkassen die Beiträge ihrer Mitglieder. Sie unterliegen dem bereits erwähnten Wirtschaftlichkeitsgebot. Bei der Begründung diverser Einsparmodelle werden die Kassen auch nicht müde, diese ihre Kernaufgabe zu betonen. Trotzdem begehen auch sie immer wieder Foulspiele an ihren Beitragszahlern – zum Beispiel mit ihren Werbeausgaben. Mit dem Gesundheitsstrukturgesetz von 1993 wurde der Wettbewerb zwischen den Kassen durch die freie Kassenwahl eingeführt. In der Logik des Wettbewerbs um neue Mitglieder begannen die Kassen anschließend, mit allerlei Maßnahmen zu werben, mit Bannerwerbung in Fußballstadien und auch mit TV-Spots. Denn, besonders begehrt sind junge Mitglieder, die kaum Leistungen in Anspruch nehmen.

Seit 1995 haben sich die Leistungsausgaben der Kassen von 124 Milliarden Euro auf mehr als 230 Milliarden Euro fast verdoppelt. Das ergab eine kleine Anfrage der Linksfraktion im Bundestag. Allerdings sind die Ausgaben der GKV für eigene Marketing- und Werbeaktionen im gleichen Zeitraum sehr viel schneller gewachsen: nämlich von knapp 61 Millionen Euro im Jahr 1995 auf knapp 194 Millionen Euro im Jahr 2016. Die Werbeausgaben haben sich also mehr als verdreifacht. Besonders ärgerlich wird dieser kostenintensive Pseudowettbewerb aber, wenn man gleichzeitig den sogenannten Morbi-RSA mit heranzieht.

MORBI-RSA

- *Der Morbiditätsorientierte Risikostrukturausgleich, kurz Morbi-RSA, ist das zentrale Element des Finanzausgleichs in der GKV. Er soll sicherstellen, dass die Krankenkassen genau die Beitragsgelder erhalten, die sie zur adäquaten Versorgung benötigen. Das soll so funktionieren: Das System der gesetzlichen Krankenversicherung basiert auf dem Solidaritätsprinzip. Die unterschiedlichen Versichertenstrukturen, das heißt Unterschiede in Alter, Geschlecht oder den Erkrankungen der Versicherten, werden durch den Risikostrukturausgleich ausgeglichen. So soll ein fairer Wettbewerb unter den Krankenkassen gewährleistet werden, die ihren Versicherten den gleichen Versicherungsschutz anbieten und jeden Versicherungsberechtigten durch die freie Kassenwahl aufnehmen müssen. Eigentlich geht es hier um die Verteilung der Gelder des Gesundheitsfonds: Die Versicherten der gesetzlichen Krankenversicherung (GKV) zahlen ihre Beiträge in den Gesundheitsfonds ein, der zusammen mit dem Steuerzuschuss über ein Volumen von circa 255 Milliarden Euro jährlich verfügt. Daraus erhalten die Kassen die für die Versorgung ihrer Versicherten notwendigen Mittel.*

Derzeit werden bei rund 80 Krankheiten Ausgleichszahlungen errechnet. Wie man sich schon fast denken kann, tricksen hier einzelne Kassen. So berichtete *Die Zeit* bereits Ende 2016 über das Phänomen, dass wir kränker gerechnet werden, als wir sind. Denn je schlimmer die Diagnose ausfällt, desto lukrativer ist es für die einzelne Kasse.

Doch auch dafür gibt es bereits wieder ein Gesetz, und zwar das Faire-Kassenwettbewerb-Gesetz (GKV-FKG), das im April 2020 in Kraft getreten ist. Wieder wird an einem kranken System herumgedoktert, beispielsweise mit der Einführung einer sogenannten Manipulationsbremse und einer regionalen Komponente. Es drängt sich allerdings erneut der Verdacht auf, dass damit die Probleme nicht gelöst, sondern nur fortgeschrieben werden. Die Crux ist: Man will keine Einheitskasse, man will mehr Wettbewerb. Mehr Wettbewerb ist aber nicht immer die Lösung, vor allem dann nicht, wenn man die Folgen dieses Wettbewerbs hinter den Kulissen und mit viel Aufwand wieder ausgleichen will. Denn am Schluss zahlt diese komplizierten Lösungen immer der Beitragszahler.

Wenn Konzerne und Ärzte zusammenrücken

Aus einem bunten Strauß an Möglichkeiten konnte man früher wählen, um einen Arzt an eine bestimmte Pharmafirma zu binden: Es gab die Kongresseinladungen nach Kreta oder es wurde eine Praxissoftware kostenlos zur Verfügung gestellt oder Vorträge wurden üppig honoriert. Doch nach dem erwähnten Korruptionsgesetz sind die Möglichkeiten, einen Arzt mit derartigen Incentives an eine Firma zu binden, stark eingeschränkt. Beliebt sind aber nach wie vor Projekte zur Versorgungsforschung oder sogenannte nicht interventionelle Studien (NIS), die früher noch Anwendungsbeobachtungen (AWB) hießen. Zufrieden sind zumindest die pharmazeutischen Unternehmen und die teilnehmenden Ärzte, wie erst jüngst ein Artikel von Christina Berndt und Markus Grill in der *Süddeutschen Zeitung* unter dem Titel »Beobachten und kassieren« zeigte.

Mit Incentives sollen Mitarbeiter oder Kunden motiviert werden, im Interesse des Incentive-Gebers zu agieren. Trotz des immer wieder bestrittenen wissenschaftlichen Nutzens der Daten sind nicht interventionelle Studien weiterhin ein Mittel, Ärzte von der Qualität eines bestimmten Medikaments zu überzeugen. NIS helfen dabei zu verstehen, wie ein Medikament wirkt. Dabei folgt die Behandlung einschließlich der Diagnose und Überwachung keinem vorab festgelegten Prüfplan, sondern ausschließlich der ärztlichen Praxis. Wer eine NIS durchführt, ist allerdings rechtlich verpflichtet, dies der zuständigen Bundesoberbehörde, dem Bundesinstitut für Arzneimittel und Medizinprodukte, der KBV, dem GKV-Spitzenverband und dem Verband der privaten Krankenversicherung anzuzeigen. Inzwischen wird allen Beteiligten empfohlen, dass die Aufwandsentschädigung, die der teilnehmende Arzt erhält, angemessen sein soll, sprich: Hier öffnet sich Spielraum. Es gibt ein paar empfohlene Regeln, wie zum Beispiel die, dass Patienten über die Teilnahme informiert werden. Kontrolliert wird das aber nicht. Und wie viele andere ist auch dieses Spiel ohnehin meist nicht im Interesse des Patienten.

Die findige Suche nach Steuerfreiheit

Auch das Vermeiden von Steuerzahlungen kann man durchaus als Foulspiel begreifen. Dabei geht es nicht um die bei Pharmafirmen fast schon üblichen Gewinntransfers in Steueroasen. Auch das ist zwar ein Foulspiel an der Gesellschaft, hat aber nicht unmittelbar Konsequenzen für die Arzneimittelsicherheit. Aber wenn strategische Entscheidungen, wie die Wahl eines Produktionsstandortes, nicht mehr aus logistischen Gesichtspunkten getroffen werden, sondern der Standort attraktiv und möglichst steuerfrei sein soll, dann können Produktionsstätten schon mal am anderen Ende der Welt oder in Krisengebieten liegen. Zum Beispiel an der Grenze zu Nordkorea.

Ein erheblicher Anteil unserer Biosimilars (Nachahmermedikamente) kommt aus Korea, genauer gesagt aus der Incheon Free Economic Zone unweit der Grenze zu Nordkorea. Neben Steuervorteilen und Fördermitteln werden dort internationale Schulen, eigene Krankenhäuser und viele weitere Annehmlichkeiten angeboten. Steuervorteile sind gut für Unternehmen, aber wenn sich die Herstellung von Arzneimitteln auf wenige Orte konzentriert, hat das erhebliche Auswirkungen in Krisenzeiten. Das hat Corona gezeigt. Doch spielte früher die räumliche Nähe zu den Absatzmärkten eine Rolle, sind nun steuerliche Gesichtspunkte die maßgeblichen Entscheidungskriterien für pharmazeutische Unternehmen.

BIOSIMILARS AUS KOREA
- *Celltrion Healthcare Co. ist ein in Korea ansässiges Unternehmen, das sich hauptsächlich mit der Vermarktung und dem Vertrieb von biosimilarer und biopharmazeutischer Medizin beschäftigt, die von Celltrion, Inc. entwickelt und hergestellt wird. Das Unternehmen bietet Remsima, ein Infliximab-Biosimilar zur Behandlung von rheumatoider Arthritis, Morbus Bechterew, Morbus Crohn, Psoriasis,*

Arthritis und Colitis ulcerosa. Truxima, ein Rituximab-Biosimilar zur Behandlung von Non-Hodgkin-Lymphomen, chronischer lymphatischer Leukämie und rheumatoider Arthritis, wird ebenfalls angeboten.

Die Liste der Foulspiele könnte beliebig fortgesetzt werden. Sie finden unter den Spielern statt, treffen aber letztlich immer die Patienten. Inzwischen scheint es schon zum guten Ton zu gehören, foul zu spielen. Die Folgen zeigen sich ohnehin meist erst zeitversetzt und zahlen dafür wird gegebenenfalls wieder der Patient.

Spiel Neun

Eigentore

➡️ Apothekenketten sind nicht inhabergeführt.

➡️ Verhandlungskommissionen müssen kompetent sein.

➡️ Theorie und Praxis sollten eine Welt sein.

IHRE GUTE UND BREITE AUSBILDUNG ERMÖGLICHT ES PHAR-
MAZEUTEN, in vielen Berufen tätig zu sein. Vom Beamten im Ge-
sundheitsamt über Krankenhäuser bis hin zur Pharmaindustrie ist
vieles möglich. Fast 80 Prozent aller berufstätigen Apotheker – laut
ABDA sind es 65 780 (Stand 2018) – arbeiten jedoch in öffentlichen
Apotheken. Der Frauenanteil in den Apotheken ist mit 73 Prozent relativ hoch. Wir sind eine leicht zugängliche, niedrigschwellige Institution in der Gesundheitsversorgung, oft der erste Ansprechpartner
für die Menschen in Gesundheitsfragen.

Wir beraten, beantworten Fragen zur Einnahme und den Neben-
und Wechselwirkungen der Arzneimittel. Wir übersetzen Fachchine-
sisch in Alltagssprache und wir sind da, Tag und Nacht. Unser Ansehen in der Bevölkerung ist hoch und es geht uns eigentlich gut.
Eigentlich. Denn auch in unserer eigenen Branche gibt es Menschen,
denen es an Demut fehlt, denen der Profit über Arzneimittelsicherheit und Patientenwohl geht. Wie in jedem Spiel gibt es Menschen,
die Eigentore schießen und an dem Ast sägen, auf dem sie sitzen.

Die Sache mit den Filialapotheken

Stellen Sie sich vor, Sie kommen in ihre Apotheke und wollen die
Apothekerin sprechen, die junge Frau, die Sie vor vier Wochen beraten hat. Doch nun stellt sich Ihnen ein freundlicher Mann vor, sagt,
er habe letzte Woche die Filialleitung übernommen, und fragt, wie
er Ihnen helfen könne. Sie sind irritiert, müssen erneut Ihre Leidens-
geschichte erzählen. Sie hatten gehofft, über die Alternative sprechen
zu können, die die junge Frau beim letzten Mal erwähnt hatte. Doch
etwas ist anders in der Apotheke.

Schon beim Betreten ist Ihnen aufgefallen, dass Sie auch die anderen Mitarbeiter der Apotheke nicht wiedererkennen. Es ist einiges umgestellt worden, überall stehen große Preisschilder mit Sonderangeboten. Der neue Apotheker bietet Ihnen nach wenigen gewechselten Worten ein sehr teures Präparat an, das er wärmstens empfehlen könne. Noch vor vier Wochen hatte Ihnen die junge Frau davon abgeraten. Es sei zu teuer und es gebe bessere Alternativen. Sie fühlen sich zunehmend unwohl und treten nach einem kleinen Einkauf den Rückzug an. Das nächste Mal werden Sie wohl einen kleinen Umweg in Kauf nehmen und sich eine neue Hausapotheke suchen.

Es muss nicht zwangsläufig so laufen, aber persönliche Beziehungen und erworbenes Vertrauen sind wichtige Kennzeichen einer inhabergeführten Apotheke. Sie schützen beide Seiten: Der Inhaber behält sein Ansehen und der Kunde wird gut beraten. In einer Filialapotheke ist es wie in Supermarktketten oder Drogeriemärkten, ein persönliches Verhältnis lässt sich kaum aufbauen – was in Supermärkten auch nicht immer nötig ist. Aber bei Arzneimitteln kann gewachsenes Vertrauen durchaus ein handfester Vorteil sein. Arzneimittel sind eben ein besonderes Gut.

Wie bereits erwähnt, war die ehemalige Bundesgesundheitsministerin Ulla Schmidt eine fleißige Politikerin, die allerdings immer auch getrieben wirkte und genau so agierte. Mit dem Gesundheitsmodernisierungsgesetz (GMG) von 2004 wurde unter anderem das Honorarsystem für Apotheken geändert, gleichzeitig das Versandverbot für alle und die Preisbindung für nicht verschreibungspflichtige Arzneimittel fallen gelassen. Schließlich wurde noch das Apotheken-Mehrbesitzverbot gelockert. Seitdem ist es Apothekern erlaubt, zu ihrer Haupt- noch bis zu drei Filialapotheken zu besitzen und bei entsprechenden Voraussetzungen Arzneimittel auch zu versenden. In der Folge entstanden zahlreiche Versand- und Internetapotheken in Deutschland sowie im nahen Ausland. Damit war der Grundstein gelegt – für viele Probleme in der Arzneimittelversorgung.

Fairerweise muss man festhalten, dass einige wichtige Akteure aus dem Apothekenlager mit dieser Änderung einverstanden waren.

Vor allem jene, die schon länger über Strohmänner kleine bis mittlere Apothekenketten betrieben hatten. Das wurde mit dem Schmidt-Gesetz nun nachträglich zumindest teilweise legitimiert. Vielleicht war das einer der Gründe, warum die Arzneimittelsicherheit von der Standesvertretung der Apotheker nicht sonderlich ernsthaft verteidigt wurde. Die Aufgabe des strikten Mehrbesitzverbotes war jedenfalls der klassische Sündenfall. Denn die großen Ketten wurden zwar (noch) verhindert, aber ob ein Betreiber in jeder seiner vier Apotheken eine persönliche und damit effektive Kontrolle ausüben kann, wie vom Gesetzgeber erhofft, darf angezweifelt werden.

Der 80-jährige Vater, der zwei große Apotheken leitet

Bis heute gilt die Vier-Apotheken-Regel – trotz einer sich verschärfenden Versorgungslage. In anderen Ländern sind Apothekenketten inzwischen wieder verboten, vor allem wegen der Arzneimittel- und Versorgungssicherheit. In Estland müssen Apotheker beispielsweise wieder selbst mindestens 51 Prozent ihrer Apotheke besitzen und diese auch persönlich leiten. Zudem wurden Filialapotheken in Ortschaften mit mehr als 4000 Einwohnern und die sogenannte vertikale Integration verboten, das heißt, weder Pharmahersteller noch Pharmagroßhändler noch Gesundheitsdienstleister dürfen Apotheken leiten.

Und genau das gibt es in Deutschland.

Immer wieder gibt es Spieler im Medikamenten-Monopoly, die versuchen, Apothekenketten aufzubauen. Dabei wird meist im Graubereich agiert. Offiziell handelt es sich um lose Kooperationen mit selbstständigen Apotheken, die gemeinsame Marketingkonzepte verfolgen. Manchmal leiten ehemalige Angestellte die kooperierenden Apotheken. Es gibt aber auch den 80-jährigen Vater, der offiziell noch immer zwei große Apotheken in einer deutschen Großstadt leitet, aber mehrere Hundert Kilometer vom Standort entfernt lebt. Selten ist genau zu trennen, wer Freund und wer Strohmann oder Strohfrau ist. Die Hintermänner leben ganz gut von den laufenden Gewinnen und spekulieren auf den Fall des Fremd- und Mehrbesitzverbotes, um dann mit dem Verkauf ihrer Ketten an finanzkräftige Investoren den großen Reibach zu machen.

Offen spricht kaum ein Kollege darüber. Schließlich ist es sowohl verboten, mehr als vier Apotheken zu besitzen als auch, so zu tun, als wäre man verantwortlicher Apothekeninhaber bei einem Fixgehalt und leichter Kündbarkeit. Meist gibt es dahinter geheime Optionsverträge, die allein schon deswegen illegal sind, weil sie gegenüber den Aufsichtsbehörden offengelegt werden müssten. Wie letztlich die Gewinne abgeschöpft werden, variiert von Fall zu Fall und ist nur schwer nachzuvollziehen. Vermutlich könnten Finanzbehörden einiges zu Gewinnhöhen oder Umsatzschwankungen sagen. Bisher sieht jedoch kaum eine Behörde genauer hin, auch wenn es klare Hinweise auf Fehlverhalten gibt. Auch die Standesvertretungen schweigen – zum Schaden für einen Berufsstand, der auf Vertrauen basiert und sich durch den Missbrauch einiger weniger seine eigene Grundlage zerstören lässt.

Verhandlungen ohne Verhandlungsgeschick

Nahezu jeder Apotheker und jede Apothekerin hat sich in seinem/ihrem Berufsleben schon des Öfteren gefragt, warum unsere Krankenkassenverträge, auf denen große Teile unserer Arbeit und Vergütung beruhen, so sind, wie sie eben sind. Oft sind sie für die Praxis nur bedingt geeignet, überfrachtet mit einer Unmenge an Bürokratie und meist schlecht vergütet. Gleichzeitig wird das Berufsbild des Apothekers immer komplexer und vielschichtiger.

Auch in unserer Branche sterben die schwerpunktlosen Allrounder aus. Neben der guten alten Land- oder Stadtteilapotheke gibt es die Naturheilapotheke, deren Schwerpunkt sie immer weiter weg vom Erstattungssystem der Krankenkassen führt. Es gibt Apotheken mit umfangreicher Heil- und Hilfsmittelversorgung, Substitutionsapotheken, Krankenhaus-, Altenheim-, HIV-versorgende Apotheken, Apotheken, die verblistern, also für Krankenhäuser und Heime patientenindividuell Arzneimittel »portionieren«, und Apotheken mit Reinraumlabor. Selbstverständlich sind auch Mischformen und Mehrfachspezialisierungen möglich. Insgesamt schreitet die Spezialisierung auch bei den Apotheken fort.

Spezialisierung erfordert aber auch entsprechende spezielle Vertragsgestaltungen. Niemand kann alles wissen und alles beherrschen. Aus diesem Grund spielt die professionelle Besetzung einer Verhandlungskommission für die Erreichung eines Verhandlungszieles, ja selbst für die Definition eines Verhandlungszieles, die entscheidende Rolle.

Die aktuellen Verhandlungskommission des Deutschen Apothekerverbandes (DAV), deren Aufgabe es beispielsweise wäre, die Vergütung der Zubereitung parenteraler Infusionen neu zu regeln, leitet ausgerechnet ein Apotheker, der zwar parenterale Zubereitungen abrechnet (abrechnen lässt), diese aber nicht selbst herstellt, sondern von einer Krankenhausambulanz bezieht. Er ist mit den Problemen der Reinraumapotheken nicht vertraut und agiert zudem in einer Weise, die Apotheken, die tatsächlich parenterale Zubereitungen herstellen, aus Arzneimittelsicherheitsgründen untersagt haben wollen, als zwischengeschaltete abrechnende Apotheke, legal, aber als Strohapotheke. Trotzdem vertritt er genau diese Kollegen.

Auch im restlichen Verhandlungsteam fehlen die Praktiker, es fehlen aber auch Statistiker, Informatiker oder Juristen, die mit der Problemlage vertraut sind. Das führt dazu, dass Hilfstaxen-Verhandlungen unflexibel und mit wenig Sachverstand geführt werden. Die neue Hilfstaxe, die ab 1.3. 2020 gilt, enthält beispielsweise *rückwirkende* Rabatte in erheblicher Höhe (bis zu 25 Prozent). Zudem fehlen als Verhandlungsgrundlage häufig aussagekräftige Daten – ein klarer Vorteil für den meist gut organisierten Verhandlungspartner GKV-Spitzenverband. Vieles wird dann vor Schiedsgerichten ausgetragen – was aber häufig zu wenig durchdachten und kaum praktikablen Vergleichen führt.

DAS SCHIEDSGERICHT

■ *Der Gesetzgeber sieht inzwischen bei Verweisen auf die Zuständigkeit der Selbstverwaltung in seinen Gesetzen oft den Weg zu Schiedsgerichten vor, da Verhandlungsergebnisse (warum wohl?) immer unwahrscheinlicher werden. Eigentlich sollte der Wille zur Einigung bei allen Beteiligten bestehen und bestimmend sein, könnte doch das Ergebnis praktikabler sein als das von nicht betroffenen Schiedsgerichten. Würde man im Interesse des Patienten handeln, könnte auf Schiedsgerichte verzichtet werden.*

Dieses »Verhandlungsgeschick« unserer Standesführung ist aber auch in vielen anderen Bereichen zu beobachten. Ob es dabei um den neuen Rahmenvertrag oder um Hilfsmittelverträge geht – immer sind die Ergebnisse ziemlich unpraktikabel und wirken wie aufoktroyiert. Das Gesamtsystem verbessert sich nicht, wird nur komplexer. Im Interesse der Patienten wäre aber eine Verbesserung das eigentliche Ziel. Die Apotheker müssten sich für die Patienten einsetzen und so das in sie gesetzte Vertrauen rechtfertigen. Das wäre eine wünschenswerte und zukunftssichernde Standespolitik. Doch in Zeiten zunehmender Spezialisierung fehlt es ausgerechnet an Spezialisten.

Aber auch politische Entscheidungen werden manchmal aus dem stillen Kämmerchen heraus getroffen. Mitgliederbefragungen oder öffentliche Diskussionen – Fehlanzeige. Im Gegenteil, man versucht, auch mit fadenscheinigen Argumenten, eine dringend notwenige Diskussion zu unterbinden und foult einen ganzen Berufsstand. Ein gutes Beispiel ist der Gemeinsame Bundesauschuss (G-BA).

EIN AUSSCHUSS OHNE EXPERTEN – DER G-BA

- *Der G-BA legt innerhalb des vom Gesetzgeber bereits vorgegebenen Rahmens fest, welche Leistungen der medizinischen Versorgung von der gesetzlichen Krankenversicherung (GKV) im Einzelnen übernommen werden, und hat Aufgaben im Bereich des Qualitätsmanagements und der Qualitätssicherung in der vertragsärztlichen, vertragszahnärztlichen und stationären medizinischen Versorgung. Trotz seiner auch für Apotheker wichtigen Funktion sind diese in dessen Gremien nicht vertreten. Bereits 2010 habe ich in einem Artikel die Position vertreten, dass es bei der Frage einer Mitgliedschaft im G-BA um die künftige Position des Apothekers im Gesundheitswesen geht, unsere Kompetenz in Arzneimittelfragen zur Disposition steht, wenn wir uns weiterhin aus der konfliktreichen Diskussion um Kosten und Erstattungsfähigkeit heraushalten. Inzwischen ist die Diskussion weiter fortgeschritten. Immer wieder wird über eine Mitgliedschaft beraten, aber sie kommt nicht.* Peter Ditzel, Apotheker und Herausgeber der Deutschen Apotheker Zeitung, *schrieb 2018:* »*In den letzten Jahren gab es zwar immer wieder zaghafte Vorstöße auf Apothekertagen, die ABDA dazu zu bewegen, sich für eine Mitgliedschaft im G-BA stark zu machen, doch eine Mehrheit kam dafür nie zustande. Möglicherweise auch deswegen nicht, weil ABDA-Vertreter keinerlei Engagement zeigten, sich für eine Mitgliedschaft im G-BA stark zu machen und Anträge sogar abbügelten: Das sei zu teuer und es sei zu schwierig, Mitarbeiter für solche Stellen zu finden. Und so ist auch in diesem Jahr kein Antrag zum Apothekertag dabei, der eine Mitgliedschaft im G-BA zum Ziel hat. Aus der Kammer Westfalen-Lippe war zu hören, dass dort ein solcher Antrag zwar eingebracht worden war, aber keine Mehrheit fand. Eine vertane Chance.*«

Vor allem in der Zeit meiner standespolitischen Aktivitäten hatte ich ausreichend Einblick in die Tätigkeiten meiner eigenen Standesführung, um sagen zu können: Das Grundproblem der gesamten Selbstverwaltung unseres Gesundheitssystems scheint in der fehlenden Bodenhaftung vieler Funktionäre zu liegen. Deshalb schafft es unser Gesundheitssystem nicht, trotz der vielen Reformen, zu gesunden. Denn es haben sich zwei Welten im Medikamenten-Monopoly herausgebildet, die kaum mehr etwas miteinander zu tun haben.

Die Theorie der zwei Welten

Welt eins ist die Welt der Entscheider und der klar strukturierten Lobbyisten. Eine Welt, in der Geld und Eitelkeiten im Mittelpunkt jeden Handels stehen. In dieser Welt spielen Gesamtzusammenhänge oder Systemüberlegungen zum Wohle der Allgemeinheit kaum eine Rolle. Hier geht es nicht um die Leistungen, die beim Individuum ankommen, sondern es geht um die großen Abläufe, die sich allerdings fast immer um die eigentlich nebensächlichen Belange dieser theoretisierenden Gruppe drehen. In diese Welt gehören Politiker, die Vertreter der pharmazeutischen Unternehmen, der Krankenkassen, der internationalen Finanzinvestoren und leider auch unsere Standesvertreter. Ihr Machtinstrument ist unter anderem ihre Verfügungsgewalt über einen enormen Datenschatz, den sie ängstlich mit allen Mitteln verteidigen und der entsprechend ihrer gerade aktuellen Ziele aufbereitet und präsentiert wird – wohldosiert und passend gemacht. Heraus kommen alternativlose Vorschläge, die nur schwer im Vorfeld kritisiert werden können. Mit dieser Methode halten sie Welt zwei in Schach und drücken ihre oft unpraktikablen Wünsche beim Gesetzgeber durch.

Welt zwei sind die Praktiker, die Leute, die die tägliche Arbeit verrichten und sich jeden Tag abmühen, die Dinge am Laufen zu halten. Welt zwei sind die unmittelbaren Leistungserbringer und in einem gewissen Umfang die Patienten. Sie haben in der Regel nur wenige Daten zur Verfügung, selten Zeit und werden deshalb auch kaum gehört. Sie haben aber zumindest teilweise ein Gespür für das Gesamtsystem, für die Dinge, die notwendig wären, um es zu verbessern. Außer in Wahlkampfzeiten, und auch in diesen Zeiten nur pro forma, sind deren Kontakte zur Welt eins minimal. Welt zwei muss aber mit den manipulierten Entscheidungen von Welt eins leben, ist deshalb zunehmend frustriert und verliert die Motivation.

Hier liegt nun die Ursache der schleichenden Verschlechterung unseres gesamten Gesundheitssystems: Der Einfluss von Welt zwei auf die Entscheidungen von Welt eins ist zu gering. Es wird zu wenig kommuniziert und vor allem zu wenig auf die Praktiker gehört. Grundlegende Dinge werden so »vergessen« oder müssen hinter sachfremden Argumenten (aus Welt eins) zurückstehen. Dabei müssen wirkliche Problemlösungen im Gesundheitswesen von der Basis (Welt zwei) aus gedacht werden – zum Beispiel bei der Arzneimittelversorgung, vor allem unter dem Gesichtspunkt der Arzneimittelsicherheit. Denn bei der Arzneimittelsicherheit liegt das wahre und rationale Patienteninteresse. Jeder möchte möglichst wirksame Arzneimittel, die weder durch Transport und falsche Lagerung in ihrer Wirkung gemindert, noch verunreinigt und schon gar nicht als Folge egoistischer und gewinnmaximierender Preisgestaltungsmechanismen und Handelswege nicht lieferbar sind.

Was wir brauchen, ist eine Welt

Das klarste Zeichen der Entfremdung zwischen Welt eins und Welt zwei ist aber die fehlende Wertschätzung der Arbeit, die aufgewandt werden muss, um all diese mehr oder weniger sinnlosen Regelungen umzusetzen, die sich Welt eins für Welt zwei ausgedacht hat. Hat sich irgendjemand, und wenn auch nur gedanklich, die Mühe gemacht, zu ermitteln, welchen Zeitaufwand, welchen logistischen Aufwand, welche Prozesskosten die Umsetzung der Rabattverträge, des neuen Rahmenvertrages oder die Einführung von Securpharm bei den öffentlichen Apotheken verursacht haben und wie oft wir täglich den verunsicherten Patienten die Hintergründe erklären müssen? Wo bleiben die berechtigten Gegenforderungen? Wo bleibt der Protest? Erklärt werden kann das komplette Fehlen jeder ernsthaften Gegenwehr nur mit der fortschreitenden Trennung unseres Gesundheitssystems in zwei Welten. Welt eins ist nicht betroffen oder sonnt sich im Licht einer uninformierten Öffentlichkeit und Welt zwei hat nichts zu sagen. Es bleibt nur die vage Hoffnung, dass die Entscheidungsprozesse im Medikamenten-Monopoly nachhaltig geändert werden. Denn: Wir brauchen eine Welt mit guter, funktionierender Arzneimittelversorgung.

Corona-Demaskierung

➡ Menschen sind wichtiger als Bürokratie.

➡ Apotheken sind Teil der kritischen Infrastruktur (KRITIS).

➡ Statt Effizienz zählt in Krisenzeiten nur Effektivität.

JENS SPAHN HAT IN EINEM BRIEF GESCHRIEBEN: »Sie, die Apothekerinnen und Apotheker, Ihre Mitarbeiterinnen und Mitarbeiter in den öffentlichen Apotheken und den Krankenhausapotheken sind ein entscheidender Baustein in der Versorgung, um die Bürgerinnen und Bürger in Deutschland zu schützen.« So viel Anerkennung war selten. Weiter schrieb der Gesundheitsminister: »Als besonders wertvoll zeigt sich in dieser besonderen Lage die für die Apotheken prägende Verbindung von pharmakologischer Arzneimittelkenntnis und technologischer Herstellungspraxis. Vor-Ort-Apotheken und Krankenhausapotheken können so sehr schnell und flexibel auf besondere Anforderungen in der Pandemie-Situation reagieren.«

Die Lage war ernst, die Pandemie grassierte und über Nacht erkannte das Bundesgesundheitsministerium, was wirklich wichtig ist. Viele, der bis dahin so hart durchgesetzten Maßnahmen, um die Arzneimittelversorgung zu modernisieren, sie effizienter zu machen, erwiesen sich im Härtetest als nicht tauglich, sie auch zu sichern. Stattdessen wurden Regeln wieder außer Kraft gesetzt, Einsparziele verworfen. Und der Versandhandel offenbarte in der Krise seine ganzen Schwächen. Was zeitgemäß digital und zukunftstauglich schien, erwies sich als reine Fassade. Die Heilkräfte des freien Marktes versagten. Und plötzlich standen verunsicherte Menschen in den Apotheken – und brauchten Rat und Hilfe.

Seit Jahren wurde die Warnung vor einer möglichen neuen Pandemie wiederholt geäußert. Doch außer einigen Wissenschaftlern nahm sie niemand so richtig ernst, geschweige denn zum Anlass für Maßnahmen. Es gab zwar nationale und weltweite Pandemiepläne – so führte das Robert Koch-Institut (RKI) im Jahr 2012 eine Risikoanalyse für mögliche Viruspandemien durch, die Anfang 2013 veröffentlicht wurde und ziemlich hellsichtig war. Dennoch ging alles weiterhin seinen gewohnten Gang. Der nationale Pandemieplan (NPP), dessen Umsetzung im Wesentlichen Ländersache ist, stellte schließlich ein Maximalszenario dar und hatte keine bindende Wirkung. Warum sich also in pandemiefreien Zeiten um mögliche Engpässe bei Arzneimitteln, Desinfektionsmittel und Schutzausrüstungen kümmern?

Vielmehr fahndete man weiter nach Einsparpotenzialen in der Arzneimittelversorgung. Je nach politischer Orientierung glaubte man an den freien Markt oder an staatliche Regulierungsmaßnahmen. Dass es schon vor der Pandemie eine steigende Zahl an Arzneimittellieferengpässen gab, wurde übersehen oder kleingeredet. Ein Schrecken wie eine globale Seuche, war in unserer Welt nicht mehr vorstellbar.

WAS IST EINE PANDEMIE?

- *Eine Pandemie ist eine sich schnell weiterverbreitende, ganze Landstriche, Länder und Kontinente erfassende Krankheit. Sie bleibt also im Gegensatz zur Epidemie nicht regional begrenzt. Bei einer Influenza-/Coronapandemie führt die fehlende Grundimmunität in der Bevölkerung zu einer erhöhten Zahl von schweren Erkrankungen und Toten. In einem realistischen Szenario muss mit einer etwa zehnfach höheren Zahl von Krankenhauseinweisungen und Todesfällen gerechnet werden. Dies kann schnell die Funktionstüchtigkeit des Wirtschaftslebens und der öffentlichen Ordnung gefährden sowie zu einer Überlastung der Gesundheitsversorgungsstrukturen führen.*

Improvisation in Seuchenzeiten

Den konkreten Schrecken einer Pandemie zeigen die geschätzten Todeszahlen der größeren Influenzapandemien in Deutschland und weltweit, wie sie das RKI veröffentlicht hat:

- 1918/19 (»Spanische Grippe«): geschätzt 426 600 pandemiebedingte Todesfälle in Deutschland (nach WHO-Angaben 20 bis 50 Millionen pandemiebedingte Todesfälle weltweit)
- 1957/58 (»Asiatische Grippe«): geschätzte 29 100 pandemiebedingte Todesfälle in Deutschland (laut WHO eine bis vier Millionen pandemiebedingte Todesfälle weltweit)
- 1968–1970 (»Hongkong-Grippe«): geschätzte 46 900 pandemiebedingte Todesfälle in Deutschland (laut WHO eine bis vier Millionen pandemiebedingte Todesfälle weltweit)
- 2009/10 (»Schweinegrippe«): geschätzte 350 pandemiebedingte Todesfälle (gemeldet: 252) in Deutschland (laut WHO circa 200 000 pandemiebedingte Todesfälle weltweit). Der Verlauf war relativ harmlos, gegen Ende dieser Pandemie gab es mehrere Impfstoffe.

Dazu kamen in den letzten Jahrzehnten verschiedene Virusepidemien/-pandemien, die wie die sogenannte Schweinegrippe vom Tier auf den Menschen übergegangen waren und ebenfalls sehr viele Todesopfer forderten. Darunter waren Krankheiten wie Ebola (seit 1976 etwa 15 000 Tote), SARS (2002, 780 Tote), MERS (2012, 860 Tote), aber auch HIV/AIDS (seit 1981 circa 40 Millionen Tote weltweit). MERS und SARS wurden ebenfalls von Coronaviren verursacht.

Die »Spanische Grippe« am Ende des Ersten Weltkrieges zeigte, dass es an einem vorausschauenden System der Seuchenbekämpfung fehlte. Überall nur Improvisation und dementsprechend tiefgreifende politische und gesellschaftliche Folgeentwicklungen. In vielen Staaten markieren die 1920er-Jahre den Beginn einer öffentlichen Gesundheitsfürsorge. Trotzdem erfordert jede neue Pandemie immer auch spezielle Maßnahmen. Nach Angaben der WHO sind die entscheidenden Merkmale einer Pandemie, dass es sich um einen neuartigen Erreger handelt, der Erkrankungen und Todesfälle beim Menschen verursacht, gegen den es so gut wie keine Immunität besteht, der leicht von Mensch zu Mensch übertragbar ist und sich sehr rasch weltweit verbreitet.

Apotheken als kritische Infrastruktur

Im Frühjahr 2019 veröffentlichten Thomas Wellenhofer und Ralf Schabik einen Artikel in der *Deutschen Apotheker Zeitung* zum Thema flächendeckende Arzneimittelversorgung im Katastrophenfall. Beide sind Apotheker, die auch im Katastrophenschutz aktiv sind, und beklagten die Verengung der Apothekenleistungen auf eine Kosten- und Effizienzfrage, die Arzneimittelsicherheit in der Gesamtheit der Erfordernisse nicht (angemessen) berücksichtige. Politiker, Medien und auch die Monopolkommission würden von Überversorgung, zu hoher Apothekendichte und der Notwendigkeit eines Gesundschrumpfens sprechen, es werde Konkurrenz durch beispielsweise Versandhandel gefordert, ohne den Versorgungsbedarf vor Ort wirklich einschätzen zu können.

In der Apotheke, so die Autoren weiter, sei der Hilfesuchende eben keine Nummer im Auftragseingang, sondern ein willkommener Kunde, Bekannter, Nachbar, Freund. Dessen Probleme würden dadurch persönlich ebenso wie Lösungen. Ein Versand hätte in keinem der analysierten Katastrophenfälle aus der Vergangenheit die Arzneimittelversorgung sicherstellen können: »Im Katastrophenfall sind Apotheken vor Ort als kritische Infrastruktur zu bewerten.« Als der Artikel im Mai 2019 erschien, konnten sie nicht ahnen, wie schnell und wie spürbar die Realität sie bestätigen würde.

Spätestens im Januar 2020 häuften sich die Meldungen über ein neues, rätselhaftes Virus aus China. Schnell war klar, dass sich dieses Virus (SARS-CoV-2) von Mensch auf Mensch überträgt und vor allem unsere hohe Mobilität, insbesondere die vielen Flugreisen, seine rasend schnelle Verbreitung über die ganze Welt antreibt. Es war kein Impfstoff in Sicht, keine wirksame Behandlung. Ende Januar wurden erste Fälle in Deutschland bekannt. Unruhe und Panik kamen auf, die Hamsterkäufe auch und gerade in Apotheken auslösten. Lieferengpässe, besonders bei Masken und industriell gefertigten Desinfektionsmitteln, waren die Folge.

Die Stunde der Apotheken

Die meisten Vor-Ort-Apotheken handelten sofort – wie immer leise und effektiv. Wir organisierten brauchbare Atemschutzmasken, lokal oder über unsere bestehenden Handelsbeziehungen, und stellten selbst Hände- und Flächendesinfektionsmittel für den Vor-Ort-Bedarf her. Auch wenn Aufsichtsbehörden vor allem darauf achteten, dass wir uns bei der Beschriftung der Produkte exakt an der Biozid-Verordnung orientierten, taten wir, was getan werden musste. In Notfällen geht es zuerst um fachlich korrekte Versorgung, danach um Dinge wie exakte Beschriftung und ähnlich Formales. Später wurde die Biozid-Verordnung ohnehin noch mehrmals gelockert.

Vor allem aber mussten wir reden. Es waren Gerüchte und Mutmaßungen im Umlauf, Fake News und gefährliches Halbwissen. Wir mussten aufklären und klarstellen, und manch ein Kunde konnte davon abgehalten werden, unsinnige Dinge zu kaufen oder womöglich sogar zu tun oder anzuwenden. Beratung zu allen möglichen Themen rund um das Virus wurde immer wichtiger. Ganz nebenbei verstärkten wir unsere eigenen Schutzmaßnahmen, installierten Spritzschutzwände aus Plexiglas, teilten wenn möglich die Apothekenmitarbeiter in zwei Teams, die keinen physischen Kontakt mehr hatten – kurz, wir taten alles Menschenmögliche, um eine qualitativ hochwertige Versorgung aufrechterhalten zu können, selbst wenn einzelne unserer Mitarbeiter erkranken sollten. Dazu mussten wir nicht angehalten werden. Wir taten es aus eigenem Antrieb und in eigener Verantwortung.

Es war die Stunde der lokalen Apotheken. Wir halfen in den ersten Stunden. Der Versandhandel macht keine Rezepturen – und bietet nur eingeschränkte Beratung. Vor allem schafft er es nicht, Vertrauen aufzubauen.

Durch die getroffenen Isolationsmaßnahmen stand das Thema Lieferengpässe plötzlich ganz oben auf der Agenda. Hamsterkäufe verschärften die Situation zusätzlich. Auch hier war das Fingerspitzengefühl der Apotheken vor Ort gefragt. Versandhändler machten zwar viel Geschäft, verkauften alles, was eben gefragt war – wodurch sich die Lieferengpässe weiter verstärkten. Sie handelten und verkauften, ohne dass es einer bedarfsgerechten Versorgung entsprach. Die lässt sich nämlich nur im persönlichen Gespräch klären.

Und plötzlich geriet die ansonsten so standfeste Bürokratie ins Wanken. Apotheken wurden von bürokratischen Hemmnissen befreit, damit Patienten versorgt werden konnten. Im absoluten Ernstfall zeigte sich, wie fragwürdig viele der bisherigen Auflagen sind und wie sehr sie die Versorgung von Patienten belasten. Anfangs wurde nur der Bezug von steuerfreiem Alkohol zur Herstellung von Desinfektionsmitteln vereinfacht, in der Folge begannen dann erste Krankenkassen, den Umgang mit Rabattverträgen zu erleichtern.

Danach ging alles sehr schnell. Es kam die Stunde der Exekutive. Alles wurde durchgewunken. Die parlamentarische Kontrolle beschränkte sich auf ein Minimum. Ende März 2020 brachte Jens Spahn zwei Gesetze in rekordverdächtiger Zeit durch das gesamte Gesetzgebungsverfahren, die ihm zeitlich befristet weitreichende Kompetenzen verliehen: das Corona-Gesetzespaket, bestehend aus dem COVID-19-Krankenhausentlastungsgesetz sowie dem Gesetz zum Schutz der Bevölkerung bei einer epidemischen Lage von nationaler Tragweite. Bundesgesundheitsminister Jens Spahn sagte: »Alle, die im Gesundheitswesen arbeiten, brauchen gerade jetzt unsere volle Unterstützung. Deswegen kompensieren wir Einnahmeausfälle, bauen Bürokratie ab und setzen Sanktionen aus. ... Wir bündeln Kompetenzen, sodass wir künftig in einer Lage wie dieser binnen Stunden für Ärzte, Pflegekräfte, Apotheker und alle anderen, die weit über das normale Maß anpacken, Bürokratie wegnehmen, Regeln anpassen, Vergütungen erhöhen können.« Parallel dazu baute das Bundesgesundheitsministerium seine Befugnisse immer weiter aus.

Abweichen von der Verordnung

Von besonderer Bedeutung für das Medikamenten-Monopoly war die SARS-CoV-2-Arzneimittelversorgungsverordnung, die am 22. April 2020 in Kraft trat. Als es ernst wurde, wurde alles möglich. Was bisher undenkbar und dem strengen Spardiktat der Kassen untergeordnet war, wurde praktisch über Nacht aufgebrochen. Jetzt musste man unnötige, bisher aber durch die übergeordneten Einsparziele als praktisch unvermeidlich hingenommene Mehrfachbesuche der Kunden in den Apotheken weitestgehend reduzieren. Nun hieß es: Wenn ein verordnetes Arzneimittel in der Apotheke nicht vorrätig ist, darf ein wirkstoffgleiches, vorrätiges Arzneimittel abgegeben werden, und zwar vorrangig eines der vier preisgünstigsten oder ein preisgünstiger Import. Ist auch ein solches Präparat nicht vorrätig oder lieferfähig, kann die Apotheke ein beliebiges wirkstoffgleiches Arzneimittel bestellen und abgeben. Ist weder das verordnete noch ein wirkstoffgleiches Arzneimittel zu beschaffen, darf die Apotheke nach Rücksprache mit dem Arzt ein pharmakologisch-therapeutisch vergleichbares Arzneimittel an den Versicherten abgeben. Damit nicht genug. Ohne Rücksprache mit dem Arzt dürfen Apotheken bei der Ersetzung des verordneten Arzneimittels überdies in folgender Hinsicht von der ärztlichen Verordnung abweichen:

- Packungsgröße, auch mit einer Überschreitung der in der Packungsgrößenverordnung definierten Messzahl (zum Beispiel eine Jumbopackung mit 100 Stück statt 2 x 50 Stück),
- Packungsanzahl (zum Beispiel 2 x 50 Tabletten statt einmal 100),
- Entnahme von Teilmengen aus Fertigarzneimittelpackungen, soweit die abzugebende Packungsgröße nicht lieferbar ist (eine ausdrückliche ärztliche Anordnung nach § 16 Absatz 1 Satz 1 des Rahmenvertrages ist nicht nötig),
- Wirkstärke, sofern keine pharmazeutischen Bedenken bestehen.

Alle diese Regelungen gelten sowohl für GKV- als auch für Privatpatienten. Und als i-Tüpfelchen: Für alle beschriebenen Fälle finden ausdrücklich keine Beanstandungen und Retaxationen der Gesetzlichen Krankenkassen gegen Apotheker statt. Liegt aus Sicht der Kassen ein Formfehler bei der Abgabe von Medikamenten seitens des Apothekers vor, dürfen sie normalerweise bis auf null retaxieren, also einfach nicht bezahlen.

Und dann gab es noch ein ganz besonderes Bonbon. Die Botendienste, die viele Apotheken schon seit Jahren auf eigene Kosten
betreiben, werden nun vergütet. Wenn sie Arzneimittel zum Patienten liefern, können pro Lieferung zusätzlich 5,95 Euro brutto
abgerechnet werden. Fast sechs Euro pro Botendienst, statt wie bisher auf eigene Kosten, nun schien sich der Garten Eden endgültig
zu öffnen. Die Apotheker rieben sich verwundert die Augen. Plötzlich zollte man ihrer Arbeit und ihrer Kompetenz wieder Respekt,
auch wenn die Maßnahmen zeitlich befristet sind. Plötzlich waren
Apotheken kein reiner Kostenfaktor mehr, den man permanent mit
Einsparforderungen und noch mehr Bürokratie überziehen konnte.
Man traute ihnen etwas zu und war bereit, auch etwas dafür zu bezahlen. Aber warum dieser Umschwung? Woher kam diese unge-
wohnte Respektbezeugung?

Effektivität statt Lobbyinteressen – vorübergehend

Nun, die Lage war ernst. Es musste schnell und entschlossen gehandelt werden. Das Krisenmanagement hatte oberste Priorität. Es ging
nicht mehr um Einsparziele – fast nirgends. Nur der GKV-Spitzenverband lehnte erwartungsgemäß die meisten Maßnahmen der
Verordnungen bereits im Vorfeld ab und verwies reflexartig auf steigende Kosten.

Aber sonst?

Nicht mehr Wirtschaftspolitik stand im Vordergrund, sondern
Gesundheitspolitik. Denn würde man die Lage nicht in den Griff
bekommen, würde es womöglich Hunderttausende Tote geben, die
Exekutive würde zur Verantwortung gezogen. Die Wirtschaft würde
in der Folge ohnehin in die Knie gehen. In dieser Situation wurde
erfolgreich auf Bewährtes gesetzt, auf das, was man hatte, und nicht
auf das, was man vielleicht ursprünglich wollte. Plötzlich ging es
um Effektivität und nicht mehr um Sparziele oder Lobbyinteres-
sen. Bei der Arzneimittelversorgung gab es glücklicherweise noch
flächendeckend die Apotheken. Gut ausgebildete Apothekerinnen
und Apotheker und ihre geschulten und motivierten Mitarbeiterin-

nen und Mitarbeiter standen dezentral, vor Ort zur Verfügung und gaben ihr Bestes.

Im Gegensatz zu vielen anderen maßgeblichen Spielern.

Im Verlauf der Pandemie stellte sich immer drängender die Frage, warum die Welt so schlecht darauf vorbereitet war. Zumal es 2003 einen Ausbruch von SARS in China gegeben hatte und man eigentlich hätte davon ausgehen können, dass die Forschung nach Impfstoffen und Heilmitteln damals an Fahrt aufgenommen hat. In der *Süddeutschen Zeitung* erschien Ende Mai 2020 ein Bericht, der genau dieser Frage nachging und aus einem Bericht der EU-Kommission zitierte, der wenig verblüffend zu dem Ergebnis kam: »Bislang spielten vor allem kommerzielle Interessen der Pharmaindustrie eine Rolle.« Offenbar gab es auf europäischer Ebene Bestrebungen, gemeinsam mit Forschungsinstituten und Pharmaunternehmen nach Lösungen zu suchen. »Es gab ein großes Interesse an einer fruchtbaren Zusammenarbeit«, berichtet ein belgischer Immunologe. Jedoch, so die *SZ*, sei die Forschung »von Beginn an von kommerziellen Interessen der Pharmaindustrie getrieben worden«.

Und da sich mit der Erforschung von Impfstoffen für Infektionskrankheiten wie SARS jahrelang kein Geld verdienen ließ – haben sie es eben gelassen. Wie fatal es ist, dass sich das Gesundheitssystem nach den Interessen der Pharmaindustrie richtet, hat uns Corona überdeutlich vor Augen geführt. Wir waren eben nicht auf ein, dem SARS-Erreger ja verwandtes, Virus vorbereitet. Inzwischen wurden Milliarden in die Forschung für einen Impfstoff investiert. Und hoffentlich gelingt es, Corona in den Griff zu bekommen – und auch für die nächste Pandemie besser gerüstet zu sein.

Bisher hatten wir Glück, was Corona angeht. Denn was wäre geschehen, wenn die hier beschriebenen Spiele und darin enthaltenen Pläne bereits zu Ende gespielt worden wären? Wenn alles liberalisiert worden wäre und sich die (globalen) Finanzinteressen durchgesetzt hätten? Wenn alles nur noch digital, ohne persönlichen Kontakt, zentral geregelt und versandt würde? Wir wissen es nicht. Was wir aber wissen, ist, dass beispielsweise in den USA oder in Großbritannien mit ihren wirtschaftsliberaleren Systemen die Pandemiefolgen für die Bevölkerungsmehrheit deutlich härter waren und sind als bei uns. Die Erfüllung von Versorgungsaufträgen kann eben nur in der Fläche und vor Ort gelingen. Dazu müssen funktionierende, dezentrale Strukturen geschützt und erhalten werden – auch wenn es uns alle etwas kostet. Bleibt zu hoffen, dass unsere Politik diese Lektion, die uns die Corona-Demaskierung verdeutlichte, verstanden hat und auch nach dem Ende der »epidemischen Lage von nationaler Tragweite« weiter im Sinne der Arzneimittel- und Versorgungssicherheit handelt.

Spiel Elf

Zukunft

IM GRUNDE GEHT ES IMMER UM EINEN WIDERSTREIT: Gesundheit oder Ökonomie. Versorgung oder Finanzen. Sicherheit oder Wirtschaftlichkeit.

Die gesundheitlichen Bedürfnisse der Patienten fallen gemessen an den wirtschaftlichen Einzelinteressen im Systemganzen immer wieder zu wenig ins Gewicht. Eine Lösung des Grundkonfliktes schien bisher kaum möglich, zumal eine, die dem Kern und der eigentlichen Verpflichtung, der Patientenperspektive, gerecht wird. Ginge es um sie, wäre die Richtung klar: Es sollte mehr gerecht verteilt als egoistisch gehandelt werden.

Ausgangspunkt meiner folgenden Überlegungen ist das erst kürzlich von Bundeskanzlerin Angela Merkel (CDU) wiederholte Statement, dass Gesundheitspolitik weiterhin Sache der Mitgliedstaaten der EU bleiben soll. Wörtlich:»Das müssen wir nicht vergemeinschaften.« Wir schließen also im Vertrauen auf das Wort der Kanzlerin erst einmal alle weiteren Einmischungen durch die EU aus.

Einige meiner im Folgenden aufgelisteten Vorschläge für eine sichere und gerechte Arzneimittelversorgung, deren Umsetzung ich schon mehrfach und an verschiedenster Stelle dringend empfohlen habe, sind – Akzeptanz und entsprechende Bereitschaft einmal vorausgesetzt – mit Sicherheit nicht von heute auf morgen und ohne Aufwand zu verwirklichen. Auch ließe der Widerstand nicht weniger Spieler im bisherigen Medikamenten-Monopoly gegen dafür notwendige Systemumbauten garantiert nicht lange auf sich warten. Das ändert nichts daran, dass die Empfehlungen aus Sicht der Patienten und ihrer gesundheitlichen Versorgung mehr als berechtigt sind. Konkret zählen dazu:

1. Abbau von Bürokratie und Stärkung dezentraler Strukturen

Unter dem Druck der Pandemie konnten sehr schnell sehr viele Vorgänge vereinfacht und Bürokratie abgebaut werden. Dies geschah offensichtlich ganz im Sinne der Versorgungssicherheit und damit im Sinne der Patienten. Plötzlich war es möglich, trotz vieler Lieferengpässe die Patienten sofort zu versorgen. Musste etwas ausgetauscht werden, konnte der Patient direkt in der Apotheke umfassend beraten und die notwendige Versorgung mit seinen Medikamenten fast immer erfolgreich durchgeführt werden.

Allerdings sind alle während der Pandemie ergriffenen Maßnahmen befristet. Es besteht also zumindest theoretisch die Gefahr, dass wir irgendwann in den bürokratischen Zustand davor zurückfallen. Die Krankenkassen und der GKV-Spitzenverband werden vermutlich wieder an vorderster Front stehen, wenn Wirtschaftlichkeit wieder über allem steht und die Regeln zur Abgabe von Arzneimitteln gar nicht kompliziert genug sein können. Den Apotheken, aber auch den Patienten wird man dann wieder einiges zumuten.

Dabei steht zu befürchten, dass Lieferprobleme sogar noch verstärkt auftreten werden, da sich einmal eingeschlagene Entwicklungslinien nicht schnell korrigieren lassen und die Unterbrechung von Lieferketten aus beispielsweise Indien oder China immer erst mit einer zeitlichen Verzögerung auf die Arzneimittelversorgung bei uns auswirken. Der Beratungsbedarf wird also nicht sinken, sondern auch in Zukunft bestehen. Die Kompetenz und das Wissen der Apotheken bleiben gefragt genauso wie die persönliche Beratung vor Ort, und eben *nicht* über die Hotline einer Versandhandelsapotheke.

Auch aus diesem Grund darf die Rosinenpickerei des Versandhandels, der am liebsten nur chronisch kranke Patienten mit ihrer Dauermedikation versorgen würde, nicht zugelassen werden. Dies und vieles andere liefert gute Gründe, den während der Pandemie vorgenommenen und erwiesenermaßen zielführenden Bürokratieabbau beizubehalten und dezentrale Strukturen der Arzneimittelversorgung zu stärken.

Zum Beispiel durch ein Rx-Versandverbot, die Schaffung einer manipulationssicheren Digitalstruktur, die weder das Makeln von Rezepten noch deren Rabattierung zulässt, die Abschaffung der Importquote (und möglicherweise ein komplettes Verbot des Im- und Exportes von Arzneimitteln durch Zwischenhändler), eine umsatzunabhängige Honorierung, alles ausgehend vom direkten Kontakt zwischen Arzt und Patient sowie Apotheke und Kunde und von Empfehlungen ausgewählter Praktiker, die anders als externe Berater oder Berufsfunktionäre die konkreten Erfordernisse und Probleme kennen.

2. Transparenzverpflichtung in der Arzneimittelversorgung

Um das Medikamenten-Monopoly ganz ausspielen zu können, ist es für die Spieler notwendig, möglichst viele Informationen unter Verschluss zu halten. So sitzen beispielsweise der GKV-Spitzenverband, aber auch das Deutsche Arzneiprüfinstitut e. V. (DAPI) auf einer Vielzahl von Daten zum Arzneimittelgebrauch, die öffentlich oder zu Forschungszwecken nicht zugängig sind. Wirtschaftliche Interessen oder vorgeschobene Datenschutzbestimmungen verhindern einen Gebrauch selbst in anonymisierter Form. Herausgeben werden allenfalls »aufbereitete« Daten, die dann ihrerseits wieder Teil des Medikamenten-Monopolys werden.

Mehr Transparenz ist also eine der Kernforderungen, sollen die Spielregeln im Sinne der Patienten verändert werden, die dann ihrerseits aufgefordert wären, mehr Interesse und Verantwortungsbewusstsein für einen optimalen Spielverlauf zu entwickeln. Absurderweise sind es bislang gerade sie, die am schlechtesten darüber informiert und am wenigsten dazu motiviert sind.

Sie sollen zwar alles bezahlen (über Steuern und Beiträge), erhalten als Gegenleistung eine in ihren Stärken und Schwächen kaum bewertbare Gesundheitsversorgung, da sie gewollt wenig bis nichts über die Zusammenhänge hinter den Kulissen wissen.

Um ihr Interesse wecken zu können, sollten den Patienten in einem ersten verbindlichen Schritt die Verkaufspreise der verschreibungspflichtigen Arzneimittel mitgeteilt werden. Allerdings wird dieser Schritt nicht ausreichen. Denn was hilft es ihm, einen virtuellen Preis zu erfahren, den praktisch niemand (bis auf die privaten Krankenkassen) bezahlt? Da dieses Wissen allein zunächst keine weiteren Konsequenzen erzeugen würde – durch das Solidarsystem ist die Bezahlung ja personenunabhängig immer gewährleistet –, schlage ich ein **rückkoppelndes, sich selbst regulierendes Solidarsystem** vor, das folgende Bausteine bräuchte:

VOLLE KOSTENTRANSPARENZ auch für die Leistungsempfänger, sprich Patienten. Diese Forderung wird seit Langem immer wieder erhoben, eine Umsetzung aber bisher von Interessensvertretern stets verhindert. Sie ist einfach umzusetzen, verursacht geringe Kosten und integriert den Patienten besser als bisher ins System. Er kann nicht mehr auf sein Unwissen verweisen, wenn sinnlose Arztbesuche oder aufwendige, nicht notwendige Doppeluntersuchungen zusätzliches Geld, und zwar letztlich sein Geld kosten. Mehr Verantwortungsbewusstsein der Patienten kann damit erstens ermöglicht, aber zweitens auch eingefordert werden.

ALLGEMEINE VERSICHERUNGSPFLICHT mit Grundbeitrag und Mindestleistungskatalog. Der Grundbeitrag sollte sich nach dem zu versteuernden Einkommen (alle Einkunftsarten!) richten, da damit dem Solidaritätsprinzip am ehesten Rechnung getragen werden kann. Das wiederum ist für das friedliche Zusammenleben innerhalb einer Gemeinschaft und die finanzielle Risikoabsicherung (schwere Krankheiten, teurer medizinischer Fortschritt) unerlässlich. Er könnte zwischen sieben und zehn Prozent liegen und unabhängig vom Arbeitgeberanteil sein. Bei Kindern oder Personen ohne eigenes Einkommen kann der Staat mit Steuermitteln einspringen. Änderungen des Grundbeitrages sind nur mit breiter Zustimmung möglich. Jeder Versicherte hat so seinen Beitrag zu leisten. Der für alle Krankenversicherungen verbindliche Mindestleistungskatalog sollte jährlich von einer unabhängigen Sachverständigenkommission überarbeitet und fortgeschrieben werden und stellt einen dem Stand der Wissenschaften entsprechenden grundlegenden Qualitätsanspruch sicher. Sowohl der Grundbeitrag als auch der Mindestleistungskatalog kann durch variable Angebote der einzelnen Versicherungsgesellschaften aufgestockt und verbessert werden.

FREIE WAHL DER KRANKENVERSICHERUNG, die jedem Versicherten das Recht gibt, einmal jährlich (nach einer schriftlichen Kündigung mit Quartalsfrist zum Jahresende, um Missbrauch auszuschließen) seine Versicherung zu wechseln. Er darf als Bewohner dieses Landes bezüglich seiner Grundversorgung nicht abgewiesen werden. Bei umfangreicheren Tarifen ist entsprechend den Privatversicherungen eine Risikoeinstufung durch die ausgewählte Versicherung zulässig. Mit dieser Wechselmöglichkeit soll der Wettbewerb unter den Krankenkassen angeregt werden. Schlechte Leistungen oder unzufriedene Kunden (bei zu stark angelegten finanziellen Daumenschrauben gegenüber den Leistungserbringern beispielsweise) können zu Mitglieder- und Beitragsschwund führen. Das einzelne Mitglied wird aufgewertet und andererseits kann die Krankenkasse mit individuell zugeschnittenen Tarifen auch Mitglieder anwerben. Alternativ wäre eine einheitliche Bürgerversicherung denkbar, wobei hier der Wettbewerb zwischen den Krankenkassen entfallen würde.

KLARE FESTLEGUNG DES MÖGLICHEN DEFIZITAUSGLEICHSVERFAHRENS mit einer festgelegten Beteiligung aller Kostenverursacher. Dies ist der schwierigste, aber auch wichtigste Punkt der angedachten Rückkopplung. Als Mechanismus ist Folgendes denkbar: Zur Jahresmitte (wegen der Mitgliederwechselfrist!) melden alle Krankenversicherungen ihren aktuellen Finanzstatus der Aufsichtsbehörde. Für die Kassen, die kostendeckend gearbeitet haben, ist die Sache damit für das laufende Jahr erledigt. Eventuelle Guthaben können in Rückstellungen umgewandelt werden und verbleiben bei der jeweiligen Krankenkasse. Die Defizite der anderen Kassen werden nach einem vorher bekannten Schlüssel beispielsweise wie folgt aufgeteilt: 50 Prozent haben die Zulieferindustrien und die an der Defizitentstehung beteiligten Dienstleister zu tragen. Das heißt, beteiligt werden die pharmazeutische Industrie, die Produzenten von Hilfsmitteln usw., aber auch die verschreibenden Ärzte, die Krankenhäuser (beziehungsweise deren Träger), die behandelnden Physiotherapeuten, der pharmazeutische Großhandel, die abgebenden Apotheken, und zwar jeweils nach ihrem Wertschöpfungsanteil.

Das hört sich kompliziert an und ist es wahrscheinlich auch. Aber erstens liegen alle Zahlen vor (über die entsprechenden Verbände, die auch für die Verteilung eingebunden werden könnten) und zweitens sollten die Leistungserbringer ihrerseits ein (finanzielles) Interesse am Funktionieren des Gesamtsystems haben. Außerdem sollten derartige Berechnungen durch die angedachte Digitalisierung unseres Gesundheitssystems leichter möglich sein.

Weitere 20 Prozent des Gesamtdefizits werden auf die Leistungsempfänger, sprich die behandelten Mitglieder der betroffenen Kassen umgelegt. Diese erhalten eine Rechnung über die Höhe der zu leistenden Nachzahlung bezogen auf das vergangene Kalenderjahr. Das angedachte Verfahren entspricht im Grunde der Nebenkostenabrechnung von Mietwohnungen. Wer zu viel verbraucht hat, muss nachzahlen. Über die Details des Umlageverfahrens, zum Beispiel eine mögliche Staffelung nach der Zahl der mit Kosten belegten Quartale, kann im Vorfeld trefflich gestritten werden. Aber einmal festgelegt, ist für jeden Versicherten klar: Durch die Wahl meiner Krankenkasse und durch mein eigenes Verhalten kann ich meine Kassenbeiträge beeinflussen. Und bin ich wirklich krank, wird sich durch das Umlageverfahren in jedem Fall meine zusätzliche finanzielle Belastung gegenüber den tatsächlichen Kosten in Grenzen halten. Regelungen für soziale Härtefälle sind möglich.

Die verbleibenden 30 Prozent des Defizits sind von den betroffenen Krankenkassen selbst zu schultern. Je nach ihrem Anteil am Gesamtdefizit werden sie nun rückbelastet. Das soll die Krankenkassen zu wirtschaftlichem Handeln, Sparsamkeit bei der internen Verwaltung und sorgsamem Umgang mit ihren Mitteln anregen. Sie können sich erfolgreicheren Versicherungen angleichen, fusionieren oder letztlich insolvent werden. Nur in diesem einen Fall, der aber auch den Arbeitsplatzverlust der Kassenmitarbeiter miteinschließen würde und von der Kasse nicht gewollt sein kann, müsste der Staat einmalig mit Steuergeldern einspringen.

Ein solches Modell wäre weitgehend unabhängig von der Politik. Es hätte ein flexibles Budget, das dem Fortschritt nicht negativ gegenübersteht, da zum einen der Mindestleistungskatalog eine ständige Anpassung erfährt und zum anderen allen Beteiligten – auch den Patienten – klar ist, dass dann eventuell mehr (nach-)bezahlt werden muss. Es würden aber auch nicht jedes Me-too-Arzneimittel (auch Analog-Praparat genannt, meist mit geringem Zusatznutzen, aber höheren Kosten) und jede Scheininnovation von Verschreibern gefördert werden, wenn diese ebenfalls eine konkrete Nachzahlung bedeuten könnten. Auch könnten die Krankenkassen nicht jedem schlechten Jahr mit Forderungen nach Beitragserhöhungen, höheren Zusatzbeiträgen, Streichungen bei den Leistungserbringern oder einem undurchsichtigen internen Lastenausgleich schlicht begegnen, sondern müssten sich den Marktgegebenheiten stellen. Der Patient schließlich wird stärker als bisher in die Verantwortung genommen, muss sich mehr kümmern, hat aber auch mehr Einflussmöglichkeiten.

Es würde voraussichtlich einige Jahre dauern, bis sich das entsprechende Gleichgewicht zwischen den Beteiligten eingestellt hätte, aber zumindest erscheint es möglich, es zu erreichen. Denn dass der Markt sich an klare Rahmenbedingungen anpassen kann, ist deutlich wahrscheinlicher, als dass die Politik mit ihrer wechselnden Sympathie für interessengesteuerte Lobbyisten die richtigen Stellschrauben in einem komplexen System findet. Und warum sollten wir nicht alle stärker als bisher an unserem Gesundheitssystem beteiligt sein? Damit wäre auch der Patient ein einflussreicher Spieler im System und nicht wie bisher nur zahlender Konsument.

3. Verankerung eines Gerechtigkeitsprinzips

Die gesetzlichen Krankenkassen verwalten die Gelder der Versicherten und bezahlen davon die Leistungserbringer. Dabei kommt es nicht selten zu Unstimmigkeiten zwischen den Beteiligten. Bei juristischen Auseinandersetzungen sind dann fast immer die Sozialgerichte gefragt. Diese sind für sehr viele verschiedene Bereiche des Sozialwesens zuständig und deshalb heillos überlastet. Hinzu kommt, dass manche Sachverhalte durchaus komplex sind und gerade für ehrenamtliche Richter nicht immer leicht zu verstehen sind.

SOZIALGERICHTE

- *Ihre Zuständigkeit ist im Sozialgerichtsgesetz § 51 geregelt. Unter anderem entscheiden die Gerichte der Sozialgerichtsbarkeit über öffentlich-rechtliche Streitigkeiten in Angelegenheiten der gesetzlichen Krankenversicherung, der sozialen Pflegeversicherung und der privaten Pflegeversicherung (Elftes Buch Sozialgesetzbuch), auch soweit durch diese Angelegenheiten Dritte betroffen werden. Die Kammern des Sozialgerichts sind regelmäßig mit einem Berufsrichter und zwei ehrenamtlichen Richtern besetzt (§ 12 SGG). Nach dem Sozialgerichtsgesetz sind jeweils besondere Kammern für die Angelegenheiten der Sozialversicherung, der Arbeitsförderung, für das Recht der schwerbehinderten Menschen, das soziale Entschädigungsrecht (wie Kriegsopferversorgung, Soldatenversorgung, Opferentschädigung) und das Kassenarztrecht (Streitigkeiten zwischen Krankenkassen und Vertragsärzten, Psychotherapeuten und Vertragszahnärzten sowie deren Vereinigungen) zu bilden (§ 10 SGG). Der vorsitzende Berufsrichter kann einfach gelagerte Fälle im schriftlichen Verfahren durch Gerichtsbescheid allein entscheiden, der in seiner Wirkung einem Urteil gleichsteht (§ 105 SGG). Gegen Urteile des Sozialgerichts findet regelmäßig die Berufung zum Landessozialgericht statt. Für Urteile mit einem Streitwert unter 750 Euro gilt dies nur, wenn das Sozialgericht die Berufung zulässt. In bestimmten Fällen ist die Sprungrevision zum Bundessozialgericht möglich.*

Versuchen dann einzelne Krankenkassen durch verwirrende und teilweise sehr lange Argumentationslinien ihrer angestellten Hausjuristen eigentlich einfache Sachverhalte noch komplexer erscheinen zu lassen, wie es beispielsweise bei meinem Verwurfsprozess die AOK Bayern getan hat, können sich anhängige Verfahren jahrelang hinziehen. Dadurch steigt nicht nur monatlich der finanzielle Druck auf eine korrekt zubereitende Apotheke, es herrscht auch sehr lange Zeit Rechtsunsicherheit. In meinem konkreten Fall kam es erst nach mehr als fünf (!) Jahren zu einer erstinstanzlichen Entscheidung, gegen die, wie fast immer, Rechtsmittel durch die AOK Bayern eingelegt wurde. Es kann also noch dauern, bis ich endgültig Recht bekomme.

Appelle an die Aufsichtsbehörde der AOK Bayern, das Bayerische Gesundheitsministerium, doch endlich einzugreifen, wurden leichthin mit dem Verweis auf die laufenden sozialgerichtlichen Verfahren oder mit anderen mehr oder weniger fadenscheinigen Ausreden abgelehnt. Außergerichtliche Einigungsversuche scheiterten ebenso regelmäßig, wie ich das im »Verwurfs«-Kapitel geschildert habe. Sicher ist zudem, dass mein Fall kein Einzelfall ist.

Eine Lösungsmöglichkeit wäre die Schaffung eines spezialisierten Sozialgerichtes mit erfahrenen Berufsrichtern, das bundesweit für die schnelle Klärung von Sachverhalten, die die Arzneimittelsicherheit gefährden, zuständig wäre. Auf diesem Weg könnten Verfahren gebündelt und wesentlich schneller entschieden werden.

Aus Sicht der Patienten kann und darf es nicht sein, dass die lange Verfahrensdauer von Sozialgerichtsprozessen Apotheken zwingt, sich zwischen der Hinnahme erheblicher finanzieller Einbußen und einem Überbordwerfen wichtiger pharmazeutischer Rahmenbedingungen, beispielsweise der Haltbarkeit, entscheiden zu müssen. Denn zweifelsfrei wird in derartigen Fällen auch über die Wirksamkeit der Therapie und die Arzneimittelsicherheit mitentschieden. Eine gerichtliche Klärung muss also schnell und kompetent möglich sein. Nur so kann dem finanziellen Druck des Medikamenten-Monopolys sicher und im Interesse der Patienten widerstanden werden.

4. Finanzierung staatlicher Arzneimittelforschung

Große Teile der Arzneimittelforschung sind in privater Hand und deshalb renditeorientiert. Wichtig für unseren Zusammenhang ist, dass sich in der Pharmaforschung seit einigen Jahrzehnten eine typische Arbeitsteilung zwischen Staat und Unternehmen entwickelt hat, die etwa wie folgt charakterisiert werden kann: Der Staat fördert die Grundlagenforschung – Entwicklung von Wirkstoffen, Aufklärung von biochemischen Mechanismen und Prozessen im menschlichen Körper usw. – und betreibt diese oft auch selbst an Hochschulen,

Instituten und Forschungszentren. Pharmaunternehmen kooperieren mit den staatlich finanzierten Akteuren, entwickeln Wirkstoffkonzepte weiter und übernehmen die konkrete Produktentwicklung, veranlassen und finanzieren die Durchführung klinischer Studien und betreiben die Vermarktung.

Das Problem dabei ist, dass sich die großen Pharmafirmen nur bei gewinnträchtigen Forschungsfeldern engagieren. Seltene (»Orphan Drugs« für fünf bis zehn Erkrankungen pro Jahr je 10 000 Einwohner) oder vernachlässigte Erkrankungen werden nicht oder kaum bearbeitet. »Vernachlässigte« Krankheiten sind solche, die meist Menschen in Entwicklungsländern mit geringer Kaufkraft betreffen. Oft handelt es sich um Tropenkrankheiten, die durch Infektionen oder Parasiten ausgelöst sind. In beiden Fällen müssen Unternehmen, die eine betriebswirtschaftliche Entscheidung über ein Engagement in der Entwicklung von Arzneimitteln zu treffen haben, davon ausgehen, dass der im Erfolgsfalle zu erwartende Markt nur geringe Umsätze verspricht. Oder anders gesagt: Große Pharmafirmen wollen und müssen forschen, es ist Teil ihrer Existenzberechtigung und ihres Selbstverständnisses. Sie brauchen aber als Privatunternehmen einen gewinnträchtigen Markt, der es ihnen erlaubt, sich zu refinanzieren.

WIE ENTSTEHT EIN MEDIKAMENT?

- *Die medizinische Grundlagenforschung umfasst das Erkennen einer Krankheit, ihre Ursachen, ihre Auswirkungen im menschlichen Körper und findet fast ausschließlich in öffentlichen Einrichtungen, Unikliniken usw. statt. Stark vereinfacht dargestellt begibt man sich dann auf die Suche nach geeigneten Wirkstoffen, Leitstrukturen und/oder Impfungen, die an zuvor ermittelten Angriffspunkten im Krankheitsgeschehen ansetzen. Diese Forschungen finden sowohl in öffentlichen Labors als auch in der Pharmaindustrie statt. Vielversprechende Kandidaten werden patentiert. Hat sich ein Wirkstoff im Tierversuch bewährt, schließt sich die Untersuchung am Menschen an. Diese sogenannten klinischen Untersuchungen werden in drei Phasen unterteilt, die sich in der Anzahl der Teilnehmenden*

*(Probanden) sowie der Zielsetzung der Untersuchung unterschei-
den. Medikamente müssen nacheinander alle drei Phasen durchlaufen. In den ersten beiden Phasen werden grundlegende Reaktionen
des menschlichen Körpers auf das Medikament wie zum Beispiel
Verträglichkeit oder Verarbeitung durch den Stoffwechsel untersucht. Die Tests werden an gesunden Menschen durchgeführt. Pharmaunternehmen beauftragen damit oft private Studienzentren.
Sind die ersten beiden Phasen abgeschlossen, kommt der wichtigste
Test: die Untersuchung der Wirkung auf die Krankheit. Die Untersuchungen an Kranken werden teils öffentlich finanziert, teils von
Pharmaunternehmen durchgeführt. In der Regel kommt erst danach die Begutachtung durch die Zulassungsbehörden (hier: BfArM
oder EMA).*

Aus Sicht der Patienten ist es deswegen zwingend nötig, dass der
Staat sich wieder an allen Stufen der Arzneimittelforschung beteiligt
und entsprechende Institute aufbaut und unterhält. Arzneimittelforschung sollte keinesfalls nur gewinnorientiert sein. Unterstrichen
wird diese These zum Beispiel durch das abrupte Ende der Sars-Forschung. Als ab Mitte 2004 weltweit keine Neuinfektionen mehr
auftraten, erlahmte auch bald das Interesse an einer Impfstoff- oder
Medikamentenentwicklung durch die Pharmaindustrie. Andernfalls
läge möglicherweise zum jetzigen Coronaerreger Sars-CoV-2 bereits
ein Impfstoff vor oder die Medikamentenentwicklung könnte zumindest wesentlich weiter sein. So lauten beispielsweise Berichte von einer niederländischen Forschergruppe um Professor Berend-Jan Bosch,
einem der weltweit meistzitierten Virologen, die schon vor der Pandemie an Coronaviren forschte. Die Niederländer hatten die Ergebnisse
ihrer Sars-Forschung aufgrund mangelnden Interesses der Pharmaindustrie in Gefriertruhen aufbewahrt und nach Ausbruch der Covid-
19-Pandemie im Januar wieder hervorgeholt.

Insgesamt vier der aufbewahrten Antikörper zeigten in Tests gute
Reaktivität gegen das neue Coronavirus; einer sei im Labor in der
Lage, eine Infektion von Zellen sowohl mit Sars-CoV als auch Sars-
CoV-2 zu verhindern.

Die Forschung wurde damals eingestellt, und das obwohl selbst das Bundesministerium für Bildung und Forschung (BMBF) in einem Newsletter aus dem Jahr 2011 eindringlich vor Coronaviren warnte: Mehrere Jahre nach der Sars-Epidemie wurde klar, dass die Bedeutung von Coronaviren sowohl bei Tieren als auch beim Menschen in der Vergangenheit unterschätzt wurde. Damals schrieb ein gewisser Christian Drosten: »Neuere Untersuchungen deuten an, dass gerade Coronaviren – im Gegensatz zu vielen anderen Zoonose-Erregern wie Tollwut, Ebola- oder Lassaviren – nach einem Wirtswechsel ein ganz besonders hohes Potenzial haben, sich epidemisch auszubreiten.«

Hätte man damals auf ihn gehört, wäre uns möglicherweise viel erspart geblieben.

5. Neuregelung des Patentschutzes

Gerade im Zusammenhang mit der Arzneimittelentwicklung und -vermarktung ist der Patentschutz von zentraler Bedeutung. Es geht für die forschende Pharmaindustrie um die Refinanzierung ihrer Forschungs- und Entwicklungsausgaben. Wenn ein neues Medikament den Markt erreicht, sind von den eigentlich vorgesehenen 20 Jahren Patentschutz viele Jahre ungenutzt verstrichen, musste der Wirkstoff doch früh im Entwicklungsprozess patentiert werden, um geschützt zu sein. Hat sich die »effektiv nutzbare Patentlaufzeit« hierdurch stark verkürzt, haben Hersteller aber beispielsweise in der EU die Möglichkeit, ein sogenanntes »Ergänzendes Schutzzertifikat« (SPC) zu beantragen, durch das sich die Schutzzeit um maximal weitere fünf Jahre verlängern kann.

Durch Patentschutz und Ergänzendes Schutzzertifikat bleiben einem Hersteller für ein Medikament in Europa typischerweise etwa zwölf Jahre Marktexklusivität.

PATENTE FÜR MEDIKAMENTE

■ *Patente haben ganz allgemein zwei Funktionen: Zum einen machen sie Erfindungen durch die veröffentlichten Patentschriften, in denen sie beschrieben sind, allgemein zugänglich. Zum anderen schützen sie deren wirtschaftliche Nutzung für eine gesetzlich festgelegte Zeit vor Nachahmung – zugunsten der Firma, die die Erforschung und Entwicklung finanziert und durchgeführt hat. Diese Zeit beträgt weltweit einheitlich 20 Jahre, wobei es keine weltweit gültigen Patente gibt. Patente sind vielmehr fast immer national angemeldet und anerkannt. Allerdings hat die Welthandelsorganisation (WTO) daher bereits 1994 Regelungen verabschiedet, die nationalen Patenten im internationalen Handel, also auch in Entwicklungsländern, Geltung verschaffen sollen. Sie finden sich im Übereinkommen über handelsbezogene Aspekte der Rechte des geistigen Eigentums – in Anlehnung an die englische Bezeichnung kurz TRIPS genannt. TRIPS berücksichtigt auch, dass Umstände – zum Beispiel Notsituationen – eintreten können, in denen der berechtigte Schutz des Patentinhabers dem öffentlichen Interesse in einem Land unterzuordnen ist. Für einen klar definierten Zweck und nach einer Einzelfallprüfung können dann für eine angemessene Frist unter anderem Zwangslizenzen (Art. 31) für die Versorgung des eigenen Landes erteilt werden.*

Ein neues Medikament beruht in aller Regel auf mehr als einer Erfindung, und seine Vermarktung ist folglich auch durch mehr als ein Patent geschützt.
Patentierbar können sein:

- der Wirkstoff,
- ein Hilfsstoff, der für die Verarbeitung des Wirkstoffs zum fertigen Medikament benötigt wird,
- die Rezeptur für das Fertigarzneimittel,
- ein für die Herstellung des Wirkstoffs oder des Medikaments nötiges Verfahren,
- die Nutzung bestimmter Gensequenzen,
- die Anwendung des Medikaments für bestimmte Krankheitsgebiete.

Man unterscheidet dementsprechend zwischen Stoffpatenten, Verfahrenspatenten, Anwendungspatenten und einigen anderen Kategorien. Weil die verschiedenen Erfindungen für ein neues Medikament in der Regel nacheinander gemacht und zum Patent angemeldet werden, erlischt der Patentschutz für das Medikament nicht schon mit dem Ende der Laufzeit des ersten Patents. Durch Entwicklung eines alternativen Herstellungsverfahrens kann ein Generikahersteller allerdings auch vermeiden, dass er auf den Ablauf sämtlicher Patente warten muss. Nicht durch Alternativen zu umgehen sind Stoffpatente, weshalb sie allgemein als die für einen Originalhersteller wichtigsten Patente angesehen werden.

In der Praxis enthält diese der Argumentation des Verbandes Forschender Arzneimittelhersteller (vfa) folgende Betrachtungsweise gleich mehrere Haken:

1. Einen erheblichen Teil der Entwicklungskosten zahlt der Steuerzahler (siehe Punkt 3), die Gewinne aus der Vermarktungszeit verbleiben aber allein bei den PUs, die zudem noch jede Menge Steuersparmodelle/Steueroasen nutzen.

2. Die Preise für patentierte Arzneimittel steigen immer schneller. Besonders in Deutschland wird der aufgerufene Markteinstiegspreis nicht hinterfragt. Er muss nicht belegt werden und vermutlich sind alle den Krankenkassen später zu gewährende Rabatte bereits im Vorfeld miteingerechnet.

3. Die Vermarktungszeit ist in aller Regel deutlich länger als die Patentlaufzeit. Der Markteintritt generischer Anbieter oder von Biosimilars bedeutet noch lange nicht das Ende der Gewinne, sie gehen nur zurück. So listet beispielsweise der GKV-Spitzenverband in seinen konsolidierten Arzneimittel-Schnellinformationen (= GAmSi-Zahlen) für 2019 15 biotechnologisch hergestellte Fertigarzneimittel auf, die zusammen fast 3,5 Milliarden Euro Bruttoumsatz machen, und unterteilt die Wirkstoffumsätze nach Biosimilars und Referenz-AM, also dem Original. Im Schnitt lag der Originalanteil bei diesen 15 Wirkstoffen bei etwa 50 Prozent des Gesamtumsatzes.

4. Die Patentinhaber versuchen in aller Regel alles, um bei umsatzstarken Arzneimitteln (Blockbuster) ihre Marktdominanz durch beispielsweise leichte Molekülveränderungen oder neue Rezepturen zu verlängern (sogenannte Nachfolgeprodukte). Zudem gibt es nicht selten rund um die Markteinführung von generischen Arzneimitteln oder Biosimilars juristische Auseinandersetzungen, die deren Markteintritt verzögern.

Gerade weil also eigentlich alles im Sinne der forschenden Pharmafirmen geregelt ist und sie ihre Gewinne nicht zuletzt deshalb zu den profitabelsten Unternehmen weltweit gemacht haben, muss die Rolle des Patentschutzes kritisch hinterfragt werden. Weder Dauer noch Schutz sollten in Stein gemeißelt sein. Zwangslizenzen sollten ein Druckmittel sein, um mehr Transparenz bei der Preisgestaltung, dem Pricing, und bei der Gewinnbesteuerung zu erreichen.

Ebenso sollten die Auswahl der Produktionsstandorte und die Sicherheit der Versorgung hinterfragt werden können. In den letzten Jahren und Jahrzehnten hat die Macht von Big Pharma, auch wegen der fortschreitenden Tendenzen zur Monopolisierung und Oligopolisierung durch weltweite Firmenzusammenschlüsse, deutlich zugenommen. Sie spielen das Medikamenten-Monopoly nach ihren Regeln und haben keine Skrupel, Solidarsysteme durch völlig überhöhte Preise zu plündern, nur um ihre Gewinne zu steigern. Schließlich sei ein Menschenleben nicht mit Geld aufzuwiegen, so die ziemlich verlogene Argumentation.

Aus meiner Sicht ist deshalb ein Gegengewicht bei den Verhandlungen zur Markteinführung neuer Medikamente notwendig: die Drohung mit und gegebenenfalls auch die Umsetzung von Zwangslizenzen. Schließlich können wir es nicht zulassen, dass in Zukunft unser Gesundheitssystem neu eingeführte Medikamente vielleicht nicht mehr bezahlen kann und diese Medikamente deshalb einem Großteil der Bevölkerung vorenthalten werden.

6. Errichtung eines nationalen Arzneimitteldepots.

Wie bereits im Spiel »Lieferengpässe« angedeutet, liegt es im grundlegenden Interesse der gesamten Bevölkerung, eine geregelte und möglichst unterbrechungsfreie Arzneimittelversorgung sicherzustellen. Die Arzneimittelversorgung gehört zur essenziellen Grundversorgung, das heißt, sie ist gleichzustellen mit der Versorgung mit Nahrungsmitteln, Trinkwasser und/oder Kleidung.

Prinzipiell gibt es dazu zwei Wege: Wir könnten wieder alle Wirkstoffe und Arzneimittel selbst (oder zumindest in Europa) produzieren oder wir schaffen einen nationalen Puffer, ein nationales Arzneimitteldepot.

Möglichst alle Wirkstoffe wieder in Europa zu produzieren wäre ein langer und nicht einfacher Weg. Er ist zwar möglich, aber es genügt nicht, nur einzelne und letzte Syntheseschritte hier auszuführen, sondern es müsste der gesamte Ablauf der Synthesekette jedes versorgungsrelevanten Wirkstoffes in Europa möglich sein. Das können selbst bei einfachen Molekülen schon mal 15 Syntheseschritte sein. Andernfalls würden die Abhängigkeiten nur verlagert und letztlich weiterbestehen. Nicht vernachlässigt werden dürfen auch die in Europa weit verbreiteten Bedenken und Vorurteile gegen die chemische Industrie, deren Kapazitäten natürlich ausgebaut werden müssten.

Und schließlich sind auch politische Abwägungen notwendig: Können wir überhaupt alles in Deutschland machen? Ist es sinnvoll, unsere Abhängigkeit bei der Arzneimittelversorgung von China auf Europa, beispielsweise Ungarn, oder auf wenige weltweit agierende Pharmariesen zu übertragen? Haben wir damit etwas gewonnen? Kann es politisch gewollt sein, die weltweite Arbeitsteilung und die damit verbunden gegenseitigen Abhängigkeiten zu reduzieren oder gar ganz abzuschaffen?

Aus meiner Sicht sollte die Abhängigkeit von asiatischer Produktion mittel- bis langfristig zumindest reduziert werden, Vorrang aber sollte die Schaffung eines nationalen Arzneimitteldepots haben. Vergleichbar der nationalen Ölreserve könnten damit vorübergehende Lieferengpässe abgepuffert werden. Vorstellbar wäre dazu in der

Ausbauversion ein volldigitales, rollierendes System, das beispielsweise jede Charge jedes neu auf den Markt kommenden Arzneimittels (inklusive der Importe) zunächst für maximal ein Drittel der Haltbarkeit fachgerecht einlagert (verteilt auf alle Bundesländer entsprechend ihrem Anteil). Aus diesem System werden dann Packungen an die Großhändler zur normalen Verwendung weitergegeben.

Durch dieses Verfahren wäre immer etwa ein Drittel des normalen Bedarfs eingelagert und könnte in Krisen- und Pandemiezeiten kontigentiert und zielgerichtet Lieferengpässe überbrücken helfen. Die Ware wäre zudem immer aktuell. Man müsste also kaum etwas vernichten. Ein weiterer Vorteil wäre: Der Zwischenhandel könnte endlich effektiv kontrolliert werden, weil alle Groß- und Zwischenhändler ihre Ware über das jeweilige Depot beziehen müssten.

Stichprobenartige Fertigarzneimittelprüfungen könnten bereits in den Depots durchgeführt werden. Selbst Lieferengpässe würden bereits auf dieser Stufe frühzeitig erkannt und müssten nicht mehr (freiwillig oder nicht) gemeldet werden. Finanziert werden könnte die Lagerhaltung selbst über Steuergelder, während die Ware erst mit dem Verlassen des Depots an den Vertreiber oder Hersteller zu zahlen wäre, also von den pharmazeutischen Unternehmern zwischenfinanziert werden müsste.

Insgesamt kämen auf alle Beteiligten erhebliche Kosten zu, denn kostengünstig wird so ein System nicht. Deswegen würden wohl auch einige Pharmaunternehmen vom Markt verschwinden, die eigentlich nichts selbst herstellen, sondern nur Zulassungen und vorkonfektionierte Arzneimittel einkaufen, um sie mit Aufschlag weiterzuvertreiben. Der Arzneimittelmarkt würde quasi entrümpelt und einige Teile des Medikamenten-Monopolys würden von selbst wegfallen.

Möglich wären auch weniger große Arzneimitteldepots, die sich beispielsweise nur auf versorgungsrelevante Wirkstoffe beschränken könnten, jedoch noch in einnehmbare Arzneiformen umgewandelt werden müssten. Hier würden die beschriebenen Nebeneffekte ausbleiben und das Medikamenten-Monopoly würde nur unwesentlich zum Besseren verändert.

7. Aufbau eines neuen Honorierungssystems

Ebenfalls gegen das Medikamenten-Monopoly richtet sich mein Vorschlag für ein neues Honorierungssystem für Apotheken. Uns wird in schöner Regelmäßigkeit unterstellt, dass wir ja auch nur auf unseren wirtschaftlichen Vorteil schielen würden. Bereits mit der Umstellung auf das jetzige Kombimodell sollte deshalb die heilberufliche Komponente unserer Vergütung gestärkt werden. Obwohl der Aufschlag mit drei Prozent seitdem schon gering genug ist, werden von Krankenkassenseite (und dem bestellten Honorargutachten) weitere Einsparpotenziale gesehen (bei hochpreisigen Arzneimitteln, bei parenteralen Zubereitungen, die außerhalb der AMPreisV eingekauft werden dürfen und vielleicht auch prinzipiell).

Mein Vorschlag eines Kommissionsmodells würde für den verschreibungspflichtigen Anteil des Apothekensortiments komplett den Verdienstanteil am Arzneimittel streichen und nur unsere Vorsorge- und Beratungsleistung, also unsere heilberufliche Komponente vergüten. Die Zwischenfinanzierung der Arzneimittel durch die Apotheke entfiele. Die Umsatzhöhe hätte nichts mehr mit dem Verdienst der Apotheke zu tun und im GKV-System entfiele so mancher Kassiervorgang mit den Kunden.

Neu an diesem Modell zur Abrechnung verschreibungspflichtiger Fertigarzneimittel ist die fast völlige Trennung von Dienstleistung und Warenpreis. Ein wie bisher einheitlicher Abgabepreis für Fertigarzneimittel spielt nur noch für Privatversicherte eine Rolle. Anstelle des Arzneimittelpreises erhält die Apotheke von den Krankenkassen pro abgegebener Rx-Packung eine angemessene, indexierte, also beispielsweise an den Lebenshaltungsindex gekoppelte Dienstleistungspauschale (für Beratung, Warenwirtschaft, assoziierte Dienstleistungen, inklusive Kassenabschlag).

Die Höhe dieser Dienstleistungspauschale ist so zu wählen, dass keine Apotheke finanziell schlechter als bisher gestellt wird.

Die von der Apotheke vorrätig gehaltene Ware wird valutiert, muss also erst nach einem bestimmten Zeitraum, zum Beispiel nach sechs Monaten, bezahlt werden. Konkret bedeutet das: Die Ware wird von der Apotheke nur dann bezahlt, wenn sie innerhalb dieser Zeitspanne weder im GKV-System abgegeben (und damit abgerechnet) noch zurückgeschickt wird. Nach- und neubestellte Ware wird entsprechend neu valutiert. Ansonsten meldet die Apotheke über die Abrechnungszentren die abgegebenen Packungen (per Rezept und eindeutiger PZN) sowohl an die Krankenkassen als auch an die Hersteller. Auch die Securpharm-Ausbuchung kann ganz normal bei der Abgabe und Verarbeitung erfolgen. Die Krankenkassen bezahlen monatlich die von den Apotheken abgegebenen Arzneimittel direkt beim Hersteller – unter Berücksichtigung aller Nachlässe und Rabatte. Gegebenenfalls fällige Zu- oder Mehrzahlungen des Versicherten muss die Krankenkasse bei diesem direkt einholen.

Der Warenfluss könnte mit oder ohne Großhandel erfolgen. Übernimmt der Großhandel die Rolle des Kommissionierers, ist er von den Herstellern in der Höhe seiner bisherigen Spanne nach Arzneimittelpreisverordnung zu vergüten (drei Prozent plus 0,70 Euro). Der Großhandel kann aber auch die Zwischenfinanzierung und den Informationsfluss übernehmen und so zur zentralen Schaltstelle der Arzneimittelversorgung werden. Liefern die Hersteller direkt an die Apotheke, wäre die Großhandelsspanne als Verarbeitungspauschale an die beziehenden Apotheken zu vergüten. Spezialfälle wie Rezepturen werden nach dem bisherigen System oder vergleichbar den parenteralen Zubereitungen milligrammgenau abgerechnet.

Die Apotheken bekommen in diesem Modell von den (gesetzlichen) Krankenkassen also nur für die erbrachten Dienstleistungen rund um das Arzneimittel, inklusive der Lagerhaltung, Geld. Das Arzneimittel selbst wird von der Kasse direkt beim Hersteller bezahlt, der Apotheker hat damit nichts mehr zu tun.

Dieses neue Vergütungssystem hätte erhebliche Vorteile, wie auch aktuelle Vorfälle verdeutlichen:

- Abrechnungsbetrug wie jüngst in Bottrop im Zytobereich oder auch die Verwendung von Klinikware im ambulanten Bereich wären praktisch unsinnig, da das Risiko in einem sehr ungünstigen Verhältnis zum möglichen Verdienst stünde. Die Motivation entfiele. Außerdem könnten Einkaufsmengen und abgerechnete

Mengen/Packungen sehr transparent und zeitnah zugeordnet und nachvollzogen werden.

- Arzneimittelfälschungen würde der Marktzugang weitgehend entzogen und ihre Zahl deutlich zurückgehen. Ihr Eintritt in ein fast geschlossenes System wäre nahezu unmöglich. Der Bezug von Ware aus dem Ausland würde in diesem Abrechnungssystem schnell auffallen.

- Der Rx-Versandhandel müsste nicht zwangsläufig verboten werden, sondern könnte über reduzierte, den tatsächlich erbrachten Leistungen angepasste Dienstleistungspauschalen in seine Schranken verwiesen werden (auch ohne Korrektur des EuGH-Urteils und ohne endlose politische Diskussionen). Schließlich wird im Versandhandel weder eine direkte persönliche Kundenberatung, die über eine telefonische Beratung hinausgeht, durchgeführt, noch werden Notdienste erbracht oder Rezepturen angefertigt.

- Retaxationen könnten nicht mehr über den ganzen Arzneimittelpreis erfolgen, sondern müssten sich zwangsläufig höchstens auf die Dienstleistungspauschale beschränken. Viele lästige und zum Teil sehr teure Diskussionen/sozialgerichtliche Auseinandersetzungen über unsinnige Absetzungen würden entfallen. Für grobe Abgabefehler müsste eine neue Haftungsregel festgelegt werden.

- Den Herstellerrabatt könnten die Krankenkassen mit den Herstellern direkt aushandeln und mit jeder Monatsrechnung verrechnen. Der Umweg über die Rechenzentren und viele sinnfreie Diskussionen blieben uns erspart.

- Ebenso könnte auf Festbeträge oder Rabattverträge weitgehend verzichtet werden, da ja jede Krankenkasse ohnehin firmenspezifische Preise vereinbaren müsste. Hohe Kosten und ein nicht zu unterschätzender Arbeitsaufwand (auch vor Gericht) würden entfallen.

- Die Hersteller könnten für den Vertrieb ihrer Waren direkt aufkommen. Sie würden, wie sonst auch vielfach üblich, ihre Dienstleister, den Großhandel oder im Falle einer Direktlieferung die bestellende Apotheke, direkt bezahlen.

- Die Einführung einer Dienstleistungspauschale würde den Apotheker wieder mehr zu einem Heilberuf machen und die kaufmännische Komponente auf Non-Rx-Produkte fokussieren. Die Kernkompetenz des Berufsstandes würde wieder gestärkt und zumindest im Rx-Bereich würde zweifelhaftes Geschäftemachen weitgehend entfallen. Den kaufmännisch Orientierten verbliebe immer noch der OTC-Bereich. Aus meiner Sicht würde das dem Berufsstand als Ganzes sehr guttun.

Natürlich kann eine Umstellung eines so komplexen Modells nicht nur Vorteile haben. Folgende wirtschaftliche Folgen sind zu bedenken:

- Der Apothekenumsatz sinkt deutlich, der Ertrag aber bleibt erhalten, das finanzielle Risiko wird auf ein vernünftiges Maß beschränkt. Ebenso entfällt die Vorfinanzierung der Arzneimittel durch die Apotheke.
- Die Lagerbedingungen für die valutierte Ware müssten exakt eingehalten und dokumentiert werden, um eine AMG-konforme Rückgabe zu ermöglichen. Es entfielen aber die vielen nervenaufreibenden Diskussionen um Retouren bei Vertragspartnerumstellungen durch die Krankenkassen oder bei Verfall.
- Die Hersteller (oder die Großhändler) müssten die Vorfinanzierung der Arzneimittel und deren Logistik übernehmen, was aber angesichts der noch immer wachsenden Gewinne der pharmazeutischen Unternehmen nicht weiter problematisch sein sollte. Zudem könnten sie versuchen, diese Kosten in den Arzneimittelpreis einzukalkulieren.
- Die Krankenkassen müssten einige neue Aufgaben bei der Arzneimittelabrechnung übernehmen, die aber zumindest teilweise mit dem Personal der Retaxabteilungen besetzt werden könnten.
- Einige bisher vorhandene Bereiche der Arzneimittelversorgung könnten nicht mehr so leicht genutzt werden oder würden auffallen (Zwischenhandel, Verkauf ins Ausland usw.). Das würde zu finanziellen Einbußen führen, die aber für die meisten Apotheken

bei entsprechender Justierung des neuen Abrechnungssystems überschaubar bleiben dürften.

Für eine derartig grundlegende Veränderung des Vergütungssystems müssten viele handels- und apothekenrechtliche Rahmenbedingungen überprüft und angepasst werden. Auch müssten einige lieb gewordene Gewohnheiten über Bord geworfen und neue Wege beschritten werden. Dennoch hat das Kommissionsmodell beachtliche Vorteile, die eine Umstellung mehr als gerechtfertigt erscheinen lassen.

Das Kommissionsmodell fördert die Arzneimittelsicherheit durch mehr Transparenz. Ohne größeren Mehraufwand wäre es nun machbar, die eingekauften Wirkstoff- und Arzneimittelmengen zeitnah mit den abgerechneten zu vergleichen. Die Versuchung für manche Apotheker, bei der Abrechnung zu betrügen, entfiele. Wegen der neu geschaffenen Transparenz beim Warenfluss würde es ebenso auffallen, wenn im ambulanten Bereich unrechtmäßig Klinikware verwendet oder Arzneimittelfälschungen in das Vertriebssystem eingeschleust werden.

Das vorgeschlagene Kommissionsmodell entzerrt und entflicht das bisherige Versorgungssystem, indem es viele hochbürokratische Verrechnungssysteme überflüssig machen würde. Herstellerrabatte, Festbeträge, Apothekenabschläge, ja selbst Rabattverträge – vieles könnte abgeschafft oder vereinfacht werden.

Und es stärkt die wohnortnahe Apotheke. Nicht nur, weil sie nicht mehr die Benachteiligte gegenüber rosinenpickenden Wettbewerbern wie etwa ausländischen Versendern sein müsste. Eine Spezialisierung auf hochpreisige Arzneimittel würde sich schlicht nicht mehr rechnen, wenn jede Packung – egal ob teuer oder nicht – die gleiche Dienstleistungspauschale erbringen würde. Auch die Konditionen des Großhandels hätten erheblich weniger Einfluss auf das wirtschaftliche Wohlergehen einer Apotheke.

Selbst wenn Anlaufschwierigkeiten auftreten würden wie auch massiver Widerstand aus betroffenen Kreisen: Das Kommissionsmodell könnte die Zukunft der Apotheke darstellen. Gerade weil der

Beruf des Apothekers sich ohnehin verändert. Neben die Abgabe von Arzneimitteln werden weitere heilberufliche Aufgaben treten: Arzneimitteltherapiesicherheit, Medikationsmanagement, Patientenorientierung sind nur einige Stichworte, die Politik und Gesellschaft in den nächsten Jahren einfordern werden.

Auf jeden Fall würde das Kommissionsmodell das Medikamenten Monopoly deutlich eingrenzen und liegt allein schon deshalb im Interesse der Patienten und ihrer sicheren Arzneimittelversorgung.

Zusammenfassung

Das Medikamenten-Monopoly droht unser Versorgungssystem für Arzneimittel zu zerstören. Die sich abzeichnenden Schäden sind nur mehr schwer zu beheben. Die Wiederherstellung verschwundener Strukturen ist langwierig und kostspielig. Zerstörung ist immer einfacher als Aufbau. Deshalb könnte es passieren, dass finanzstarke Investoren in kurzer Zeit funktionierende Strukturen durch ein stressanfälliges System ersetzen, das zwar wenig praktikabel ist, dann aber trotzdem mangels Alternative beibehalten wird. Um die Arzneimittelversorgung als funktionierendes System zu erhalten und zu stabilisieren, bedarf es eben der Realisierung der genannten Änderungsmaßnahmen.

DIE ZUKUNFT DER ARZNEIMITTELVERSORGUNG

➡ **Weniger Bürokratie, mehr dezentrale Strukturen**
Die Vor-Ort-Kompetenz muss erhalten werden und mit
Handlungsfähigkeit ausgestattet werden. Der persönliche
Kontakt zum Patienten ist entscheidend.

➡ **Mehr Transparenz**
Ein rückkoppelndes Solidarsystem mit mehr Transparenz
bindet alle Beteiligten, inklusive der Patienten, ein und erhöht das Interesse an dessen Funktionieren.

➡ **Mehr Gerechtigkeit**
Wir brauchen ein auf Arzneimittelfragen spezialisiertes Sozialgericht, das schnell und kompetent Streitfragen innerhalb
des Systems entscheiden kann.

➡ **Mehr staatliche Arzneimittelforschung**
Es muss auch Arzneimittel gegen seltene Erkrankungen geben, deren Entwicklung und Herstellung unter wirtschaftlichen Gesichtspunkten kaum möglich ist. Hierin liegt eine
staatliche Aufgabe.

➡ Besserer Patentschutz

Patentschutz darf keine einseitige Angelegenheit sein. Jedes Privileg sollte mit der Erfüllung gesellschaftlicher Aufgaben verbunden sein und gegebenenfalls auch wieder entzogen werden können.

➡ Nationales Arzneimitteldepot

Die Grundversorgung mit Arzneimitteln ist prinzipiell – bei Lieferengpässen, in Krisen- oder Pandemiezeiten usw. – sicherzustellen, am besten über die Anlage von Depots.

➡ Neues Vergütungsmodell

Die Patientenberatung sollte lösungsorientiert und möglichst wenig renditegetrieben sein.

Arzneimittel sind ein besonderes Gut!

Nachspiel

Paul Pizzera und Otto Jaus sind zwei österreichische Liedermacher, die in ihrem Lied »Eine ins Leben« zwei Zeilen geschrieben haben, die weder besonders tiefsinnig noch originell sind. Eine Stimme aus dem Off sagt während des Lieds: »Sie müssen Ihrem Leben einen Sinn geben!«

Und die beiden antworten schreiend:

»An Scheiß muass i!«

Mir fallen diese Liedzeilen ein, wenn ich über meine Motivationslage zum Schreiben dieses Buches nachdenke: Ich hätte es nicht tun müssen. Ich hätte ohne das Buch einen ruhigen Lebensabend verbringen können, hätte mich langsam, nach dem Verkauf meiner Hauptapotheke, aus dem ganzen Geflecht lösen und einfach aufhören können, mich aufzuregen.

Aber ich wollte nicht.

Vielmehr wollte ich nach meiner gut 30-jährigen Berufstätigkeit im Bereich Pharma, davon fast 28 Jahre als selbstständiger Apotheker, mit diesem Buch einen würdigen Schlusspunkt setzen, einen abschließenden Beitrag leisten. Ob mir das gelungen ist, entscheiden auch Sie.

Mir war es jedenfalls ein Bedürfnis, all das, was ich auch schon während meiner Berufstätigkeit an Missständen und Fehlentwicklungen kritisiert und bemängelt habe, zusammenzufassen, um so einen Überblick über einen nicht eben unwichtigen Teilbereich unseres Lebens zu liefern, die Versorgung mit sicheren Arzneimitteln.

Bei der Coronapandemie sind wir bis jetzt mit einem blauen Auge davongekommen. Noch war unsere Arzneimittelversorgung so breit aufgestellt, dass sie den Belastungen standhalten konnte. Ähnlich wie in unserem gesamten Gesundheitssystem hatten wir uns noch nicht zu Tode gespart. Es gab genügend Krankenhausbetten, die Versorgung mit Arzneimitteln, Desinfektionsmitteln und Atemschutzmasken klappte, wenn auch mit einigem Gerumpel, letztlich doch.

Aber der Verlauf der Pandemie in den USA sollte uns Warnung genug sein. Obwohl es dort die meisten Milliardäre weltweit gibt, musste das Land einen hohen Blutzoll zahlen und die Menschen viele Opfer bringen, auch weil es dort kein solidarisches Gesundheitssystem gibt. Trotz Spitzenmedizin (für wenige) war das Gesamtsystem schnell hoffnungslos überfordert.

Deshalb sollte es uns alle interessieren, was mit unserem System passiert. Das Medikamenten-Monopoly muss mindestens eingeschränkt, wenn nicht abgeschafft werden, damit unsere Arzneimittelversorgung auch weiterhin sicher und krisenfest bleibt. Die nächste Pandemie kommt bestimmt.

Es geht um unser aller Gesundheit, die Gesundheit unserer Kinder und Enkelkinder!

Die Liste meiner oben aufgeführten, zum Teil sehr weitreichenden Vorschläge zum Umbau unserer Arzneimittelversorgung, die sich letztlich alle an den Gesetzgeber in seiner Kompetenz, die entsprechenden Rahmenbedingungen zu schaffen, wenden, könnte hier noch ergänzt werden um eine letzte Idee, die allerdings zwingend privat organisiert werden müsste: die Schaffung einer neuartigen und unabhängigen Stiftung für Arzneimittelsicherheit.

Ich stelle mir diese Stiftung vergleichbar der Stiftung Warentest vor. Und entsprechend würde sie sich auch um die stichprobenartige Prüfung unserer Arzneimittel kümmern. Eine neue gemeinnützige Stiftung für Arzneimittelsicherheit könnte ein Netzwerk unabhängiger Prüflabore bedienen oder auch aufbauen zur Untersuchung aktueller Handelsware auf Verunreinigungen. Ein wichtiger Ansatz, der sich – die nötige Finanzierung vorausgesetzt – vergleichsweise unproblematisch verfolgen ließe.

Am Schluss möchte ich mich noch bei allen bedanken, die mir bei der Umsetzung dieses Vorhabens geholfen und mich tatkräftig unterstützt haben. Ohne diese Menschen hätte ich es nie geschafft:

Besonders zu erwähnen sind in diesem Zusammenhang die Mitarbeiter des Murmann Verlages, die mich in jeder Phase der Entstehung des Buches mit Rat und Tat unterstützt haben. Ich habe mich sehr professionell betreut und beraten gefühlt. Hervorheben möchte ich das Lektorat von Evelin Schultheiß, die den schwierigen Text deutlich lesbarer gemacht hat.

Ferner möchte ich mich bei meiner Frau und allen meinen Freunden entschuldigen, die ich in der Zeit des Schreibens sicher des Öfteren genervt habe. Sie waren mir trotzdem alle eine enorme Hilfe. Ich weiß deren Geduld zu schätzen und hoffe, sie sind mir nicht böse.

Die ausführlichen Quellen mit Links, Texten und Hinweisen finden Sie online als ePDF.

Einfach klicken und kostenlos downloaden unter

https://shop.murmann-verlag.de/de/item/ fussnoten-medikamenten-monopoly

Die zahlreichen Quellen und Links werden ständig aktualisiert und auf den neuesten Stand gebracht. Deshalb haben wir uns für ein ePDF entschieden.